陳有方著

文學叢刊

憶往七集

文史哲出版社印行

國家圖書館出版品預行編目資料

憶往六集 / 陳有方著. -- 初版. -- 臺北市：文史哲出版社, 民 110.07
面； 公分（文學叢刊；437）
ISBN 978-986-314-559-2（平裝）

848.6　　110010608

文學叢刊 437

憶往七集

著者：陳有方
出版者：文史哲出版社
http:// www.lapen.com.tw
e-mail：lapen@ms74.hinet.net
登記證字號：行政院新聞局版臺業字五三三七號
發行人：彭正雄
發行所：文史哲出版社
印刷者：文史哲出版社
臺北市羅斯福路一段七十二巷四號
郵政劃撥帳號：一六一八〇一七五
電話 886-2-23511028・傳真 886-2-23965656

定價新臺幣二八〇元

二〇二一年（民一一〇）七月初版

ISBN 978-986-314-559-2　　10437

自序

在過去的數年中，我又寫了一些雜文，特再搜集編排，續印為憶往七集。由於本集中各篇內容，都屬少見，引人發生興趣，茲簡介下列三篇，以供讀者參考。

（一）失落八十多年的兄弟姐妹，團聚在一起的奇蹟：他們一家的兄弟姐妹，雖然出生時，都遭遇到不同的情狀，備嘗艱苦。數十年以後，先由一人認知另一人，再由兩人繼續尋知其餘兩人。終因不放棄希望，夢想成真。

（二）加拿大的越南難民的辛酸淚：五百位逃離越南的船名，於一九八〇年八月兒二十四日抵達加拿大的蒙特利爾（Montreal）後，立即換掉舊衣加以消毒，另發新的睡衣。住進某一軍事基地。因為他們所穿新發的睡衣五顏六色，出入軍營，非常可笑。臧家一家人被送到沙斯克通（Saskatoon）去安置。當地教會一對教友夫婦達和蘇·道斯門（Jim and Sue Dosman）引領他們融化於加拿大的文化之中。

臧家有二十一人，很緊密地住在一起，到任何地方，都是一起同去，目前的人數已經增加到了六十人，生活很好。臧金說：「我們走出困苦，因為都有一個樂觀的態度。我父親是一個有計劃的人，當他計畫要做一件事情時，他一定會執行下去。」

（三）冒險的生涯：當艾希林，喬治（Ashlyn George）踏進南極一個海灘上時，她內心像要破裂一樣。當他第一次開始旅行時，就認為旅行是他的真實生涯。她說：「世界上有很多的東西我不知道，我都要去看看。」他要將光亮照在不是每人都知道的事物上，打開他們的心靈，讓他們知道所有應該知道的事物。

以上所述，如有謬誤，敬請讀者指教，是為序。

憶往七集

目 次

雜　感

母愛與親情

母愛與信心

黛比麥．克耐（Debbie MaCrae）生活很艱苦。當她與吉米（JIM）結婚時，她們倆人都不知道吉米有病。吉米好像是一個很強壯的人，工作勤勞，從不感覺疲倦。但有時他仍感覺身體有些不舒服，可是他不以為意，更加努力工作。不久，他發覺有些徵候，逼他去看醫生。醫生對他說：「他有糖尿病，已到最危險的階段。」他非常害怕。但他的太太，卻充滿信心，祇要改變生活方式，醫藥最後必能治癒此病。但事實並非如此，當他們的小女兒玫瑰（ROSE）四歲時，吉米必須鋸斷一條腿，這使他非常沮喪。他希望死去，不要成為她們的負擔。黛比盡力照顧他，幫他調整生活，鼓勵他樂觀。可是在第二次要鋸腿時，吉米就過世了。

玫瑰是黛比生命中的溫暖日光。當黛比悲傷時，就安慰她。玫瑰也是一個敏感的女孩，喜歡學習，聽到有趣的事情，也會大笑。她們母女倆人非常親密。玫瑰和黛比都一同做家事，玫瑰也將她的想法和感覺以及在學校裡的一切事情告訴她。在她從佾中學畢業以後，不久便遇見一位青年，他的名字叫覺・佛來遜（JOE FRITSEN），比她年長三歲。在她的父親曾經工作的合成板工廠工作。她們常相聚會，但她並未告訴黛比。覺擅長滑稽娛人，引起玫瑰哈哈大笑，因此，她被他吸引了。終於告訴黛比，她已愛上覺。黛比聽後很失望，祇說：「不，還是先請他星期四下午來喝咖啡。」

當覺應邀來訪時，黛比作了深呼吸一下。那人就是玫瑰所愛的青年嗎？他穿著一條污穢的長褲，一件剪短袖子的襯衫，從手腕到肩膀，都露出刺花的紋身。吃點心很快，話談不停，從一話題轉到另一個話題，都是一些愚蠢和粗俗的語言。但玫瑰卻認為覺很機智而大笑不止。黛比看他的眼睛似乎毫無神色，她懷疑他吸毒。因此，她警告玫瑰道：「離開他，他會使你走入歧途。」

可是玫瑰不聽此忠告，反而離家搬進覺的小公寓內居住，黛比很傷心。為什麼她會變成這樣？她將如何適應？黛比想了很久和經過許多夜裡不能熟睡之後，終於看清楚了。假如愛（Love）是宇宙中最大的力量，那麼祇有愛才能改變現狀；假如信心（Faith）像一粒芥子一樣大便可以移動一座山，那麼她要有那個信心，於是她每天都對那倆位年輕人表示愛心和思念。

某日，她就開車到那間小公寓去探望。她看見那兩個小房間，非常雜亂不潔，大為驚訝。她立即給玫瑰很多金錢，正要回家前，他倆要她不要再來。因為覺很恨被人監視。從此以後，他倆也不再接聽黛比打來的電語。這使黛比完全與玫瑰不折不扣失去聯絡。

黛比沒有看見玫瑰和沒有聽見她的電話已經一年多了。為什麼她的愛不能改變她？黛比很感迷惑，但她的內心仍然要她繼續施愛和有信心。某日，玫瑰忽然打來一通電話，哭喊著要求母親去看她。她說：「覺已離去。」黛比立即驅車前去。她看見玫瑰懷孕，大腹便便，可能很快就要生產，大為驚駭。玫瑰流淚滿面地告訴她，覺已離家兩月未歸。在他失業以後，便到別處另找工作，但未告訴玫瑰要去何處謀職和何時回來。黛比問她：「在覺離家的這些日子，你如何過活的？」玫瑰沒有回答。黛比伸手抱住她，讓她哭泣。在過去這兩年，我已經把你給我求學的錢都用完了，覺從未給家庭開支付過一分錢。他把所有的工資都花去吸毒。我祇好每隔一段時間去「食物銀行」（food bank）領取食物。此外，我的鄰居也常常幫助我渡過難關。

黛比對她的女兒回歸身邊，非常感恩。一星期以後，她把玫瑰送進醫院，玫瑰的生產很困難，黛比留在她身旁日夜照顧她。一個很健康女兒終於誕生。由於玫瑰知道她已懷孕，立即停止吸毒。這女兒命名為露西（LUCY），是玫瑰和她的祖母的歡樂寶貝。黛比此後仍然鼓勵玫瑰繼續求學，使她將來可以支持自己和小女兒。玫瑰與覺相處的痛苦過去，現在已完全改變成為另外一個人了。她已成為一個成熟的女人，專心讀書，但不忽略露西。她畢業後，找到一個社會服務工作。其服務地區就是她與覺生活在一起的地方，那裡是有名的高犯罪和青年吸毒區。

玫瑰在過去兩年，仍然住在母親的家裡。她對母親毫無保留地支援她和照顧露西，至為感激。她也盡力地幫助吸毒的青年解決問題。由於她自己的親身經驗，她深深地瞭解吸毒的傷害，所以她已幫助很多青年戒除毒癮。她不僅以其所學幫助受害的青年，也像其母親一樣以愛和信任對待他（她）們。

失落八十多年的兄弟姊妹，團聚在一起的奇蹟

當金，費希（JEAN FISH）擁抱她久已失落的妹妹和哥哥們時，不禁深深地嘆息一聲。她費了八十多年搜尋親人的努力，終於獲得結果。

「我絕未想到這個結果會發生。」金說：「直到最後一分鐘，我都想到一定會失敗。」

但是經過數月的計劃，四個「神秘」的兄弟姊妹及其家人的團聚，在星期四終於實現了。

星期五早晨，當這位八十六歲女人和她的兄弟姊妹們一同站在靠近她於一

九三一年被遺棄的地點時，她說：「我非常高興。我今天已不在卡那格拉業林（ACARAGANA BUSH）中。」

金對她特殊的生命開始，已說過很多次，常常引出她懷念親生父母的新聞。

她在出生兩天後，就被包在一條氈子和棉衣裡，拋棄在卡那格籬園後面，正對著裡賈納（REGINA CITY）蒙特格街一四五六號（1456 MANTAGUE STREET）。

在一九三一年八月九日，有兩位十一歲小孩聽見她的哭聲。因此，她就被人發現，立即送進附近蒙特格和杜德裡大道的救世軍（SALVATION ARMY）裡的未婚媽媽處收養。

當她被教會收養後，在一歲時，她便被一對沒有兒女的夫婦接去收養，所以她在幼年時很快樂。但她常常疑問誰是她的親生父母?為什麼要遺棄她?

在過去很多年間，她都想盡辦法尋找她家庭樹枝遺漏的枝幹。今年年初，她終於找到，而且她們還計劃在裡賈納市團聚。金和其住在安大略省柯林屋的女兒桑查、邦妮（SANDRA BONNEY IN COLLINGWOOD, ONTARIO）一同要會見金的住在愛民頓的胞兄馬克．貝林頓（MARLE BYINGTON FROM EDMONTON）住在不列顛，哥倫比亞省沃倫市的胞妹法葉．韋古特紫（FAYE VERGUTZ FROM VERNON, B.C）和住在沙斯克通的胞弟茂雲．寇勞斯（MERVIN CROSS FROM SASKATOON SK）。

馬克和法葉是在星期四同乘一架飛機抵達裡賈納機場。法葉說：「這是一個特別的時刻。」

當馬克對行李區瞭望時，他看見一小群人在那裡，立即就認識每一位都是家族的成員，因為他們都在電子照像中出現過。

他在九年前已見過法葉和茂雲，但還是第一次看見金。

正如法葉一樣，馬克稱此經驗為超真實的情景。「非常值得記憶，我絕對不會忘記，我從不想到此一情景能夠發生。但是它的確發生了，真是一個奇蹟。」

馬克在被收養的家庭裡，是四位兒童中最小的一位，但在我出生的家庭裡，卻是六個人中的最大的一位，真是令人驚異。這位八十七歲的老人說。

在白雪輕飛的早晨，馬克站在杜德裡大道西北地區的政府大樓前，看到他出生的地點。

他說：「真是很難相信，我知道這是一個事實，但是很難理解。從開始到終了，真是一個奇妙的經驗。誠如法葉所說：「當你想到它，感覺很奇妙，但也很悲傷。」」

她們家庭的起源和她們不斷尋找失落親人的努力，也是一部充滿曲折和困難的故事。從金在卡那格拉叢林中被發現，再被人收養，到一九七八年，金開始從傳媒中搜尋，包括搜集LEADER POST報紙裡一篇報導文章，敘述金用非常的方法搜尋經過。由於那篇報導文章，使她連絡到那兩位發現她的小孩，從那時以後，她們三人又變成好友。

金仍然渴望知道她的親生父母。在二〇一六年，她的孫子們送給她一件「家世箱（ANCESTRY.CA KIT），作為慶祝她八十五歲生日禮物。她很感動，立即開始試用，當即查到第一和第二堂兄弟情況。」

「當我們以電郵連絡三位親兄弟姊妹時」，金的女兒桑查說：「我們所夢想的事情出現了。我們幾乎放棄了希望。」

隨著親兄弟姊妹一同到裡賈納的許多人，都是他（她）們的配偶，帶著子女，孫子女和堂兄弟從加拿大各地齊來。當桑查看到這一大夥人都在河岸上一家屋內大笑地談論時，她非常感動，並驚嘆著很多失落許久的親人，都有類似的面容特徵。

金在看到法葉十歲的一張黑白照片時，認為是她自己幼時的照片。

桑查又說：「我們已分享了許多故事，同時也互看了彼此很久，好像都早已認識。」

大家有一些與艾維林和艾倫・寇勞斯（EVELYN AND ALLAN CROSS）

相同的表徵。他倆當時都很年輕，但未結婚，卻生下馬克和金。在金誕生後不久，艾維林和艾倫便結婚了。以後還繼續生了四個小孩：法葉，茂雲，定（DEAN）和葛倫妮絲（GLENYS）。

這四個小孩完全不知他（她）們還有一位哥哥和一位姐姐。

這個消息不曾透露，直到一九九〇年，法葉的母親丟下一顆炸彈，艾維林告訴她吃驚的女兒，她曾在田野裡生下一個女嬰，然後把她放在裡賈納市救世軍未婚媽媽處的台階上。

除此以外，艾維林沒有再說下文，並且堅決反對法葉尋找那個女嬰的建議，還要法葉承諾保持這一家庭秘密。法葉乃堅守此一承諾，直到二〇〇四年，她的母親逝世時。

她母親過世以後，法葉便告知定和茂雲。他們還有一位姐姐。但兩位弟弟都未參與搜尋。

在二〇〇八年，法葉曾到裡賈納社會服務處檔案室查閱她姐姐的資料，結果毫無所得，空手而回。

可是她的搜尋，並未白費時間。她從檔案文件中發現：在一九三〇年救世軍未婚媽媽處，她母親生了馬克，並招請收養人。法葉感覺很迷茫，因為她要尋找一位姐姐，不是一位兄長。於是她就寫一封信給馬克，要求連絡。該信交由裡賈納社會服務處轉達。不久，馬克就給她一個正面的回答。

可是此一發現，既是痛苦，也很甜蜜。四天以後，她的弟弟「定」也告死亡。

隨後她們家庭中又發生了第二件死訊：她（他）們的妹妹葛倫妮絲誕生後即患痼疾，終於二〇一四年十二月在 MOOSE JAW 市的 VALLEY VIEW CENTRE 去世。

茂雲從沙斯克通駕車在冰滑的公路上駛行，抵達裡賈納以後，他眼中充滿了淚水。他說：「能與親兄弟姊妹團聚在一起，真是一個奇蹟。」

「我們喪失了一個弟弟，但我們也獲得一個哥哥；我們喪失了一個妹妹，但我們也獲得一個姐姐。我衹願望另外一個弟弟和另外一個妹妹也能在這裡看見這次團聚，可是不幸地，他倆都不能來到這裡。不過仍有兩位加入我們的家庭內，真是太奇異了，我很高興！」

金和法葉在會見前，已在裡賈納機場裡通過兩次電話，但當她倆親眼相見時，就「不敢相信了。」她倆都如此地說。

「我想這整個故事，一定會讓那些仍在搜尋失落家人的人引起靈感。」桑查說。「不要放棄希望，夢想一定成真！」

一個叛逆的兒子

麗薩（LISA）對她的朋友露西（LUCY）說起她親身經歷的一段辛酸故事，非常動人。

她說：「我今年已八十五歲，在二十年以前，我已變成一位寡婦，直至今天我才能談起四十年前所發生的事情，不過，我仍然不明白為什麼會走到這一步。比爾（BILL）和他祇生下一個男孩，取名波特（BERTIE）。我們為要教育他成為一個善良和負責的人，賣掉電視機，不讓他觀看。等到他開始入學以後，才再買了一台，和他一同觀看，也一直討論電視的內容。我們還告訴他要節省金錢，以為未來使用。他把每次收到的銅錢（COIN）都投入撲滿（PIGGY BANK）裡，當撲滿裡裝滿了，我們便把它打開，取出所有的銅錢，拿到銀行給他開一賬號，告訴他以後如何到銀行去存款與取款，他都記在心裡，我們都深深以他為傲。」

當他進入中學後，開始改變了。他不聽勸告，結交了許多壞朋友，經常與一位朋友觀看影帶，但從未告訴我們影帶的內容。他父親就告訴他，要做一個負責的人，必須要有若干做人的原則。他都置若罔聞，並開始與其爭辯。某日，他說：「爸爸，你還是一個活在過去時代的人。我不再為將來節省一分錢。請看這個紊亂的世界，誰知道我是否還有一個將來？所以我要在現在盡量享受，不管以後的事。此外，為何需要節省？銀行不給我一點利息，而我卻須對銀行每一項服務都需付費。你難道不知應該要消費，甚至貸款消費，因為現在的利息很低？」他們父子兩人對每一事件的爭辯，從此日益惡劣。

波特從中學畢業時，沒有一科成績優良。他不要去進大學進修，也不要入職業學校學習。卻在附近一家大雜貨店當傭工。當我丈夫告訴他，他必須要想到將來，至少他要學到一種很好的手藝。才能過活。波特哈哈地大笑說：「將來，將來，這就是我從你口中聽到所有說出的話！我不要聽了，請不要再說我現在應該做什麼事了！」

某日，波特回家時駕駛一輛新買的雪地機器腳踏車（SNOW MOBILE）。他對售車人說：他祇有不足三分之一的錢可做分期付款，售車人說，可以接受。隨即擬出一個分期付款的計劃，讓波特以後按月交付一定的欠款。他父親為此計劃替他計算後，告訴他最後需要付出多少錢時，波特忿怒地回答：「不要毀壞他的喜樂！從此每一個週末，他都和五個朋友騎雪地機器腳踏車出遊，回來後，誇大新車的速度，以刺激他的父親。當他每次騎車出遊後，我都對他的生命安全擔心。」

某晚，他沒有回家，警察卻告訴我們他已失蹤的消息。不久以後，我們才找出他在車禍中的每一細節。他們一夥人抵達一條最寬廣的河岸上，附近還有一座橋，但他們不想通過該橋。其中有幾個人曾經飲酒，揚言可安全騎車過河。但波特警告他們，河冰不夠堅強，因為早先數日天氣溫暖之故。他們就此開始爭吵和辯論。最後，他們以甜言勸誘波特在河冰上試駛過去。如果他真擔心河冰輕薄危險，他應先行測驗一下，但他沒有。

波特騎車駛下河堤，小心地踏上河冰，當他駛至河中央以後，冰面立刻破裂，迅速擴大，即使當時那些喝醉的同伴都驚嚇地清醒了。波特和他所騎的雪地機器腳踏車當即沉入河中，不見蹤影。聽到此一噩耗後，我丈夫悲傷了很久，很快地就變成一位老人。他常對我說：「此一悲劇發生，一定會影響那五位年輕的同伴，改變他們的生命。因此，波特之死，不會白白犧牲。」說到這裡，麗薩沉默了一下，然後深深地嘆息一聲。「他們最後雖然找到了那輛雪地機器腳踏車，但是卻沒有發現波特的遺體。這個悲劇雖然發生在四十年前，我至今仍然在問：「為什麼會使這孩子落得如此下場？」

懲罰子女

我們同班同學的聚會，是每五年召開一次。時間飛逝的過去，現在我們都已變成祖父母了。有些人甚至還有了重孫子女。當最初聚會時共有二十四人，其中五人已經去世，另外還有一位患有嚴重顫抖的伯金遜症（PARKINSON'S DISEASE），五年前她就不能參加聚會了，所以如今我們祇有十八位同學參加。

在我們聚會時，大家都交換各自家庭成長人員的照片，並討論許多有興趣的事情，對於未來的世局都很憂慮。但對於如何撫養子女成長與我們自己如何成長也作了比較。我們的父母管教我們都很嚴格，但我們都很愛他們。當他們說過的話，都堅持不變，你不能要求他們改變其決定。

勞銳（LORI）告訴我們，她曾經在一家商店裡看見一小女孩要拿一塊巧克力糖，但她的母親把它奪走，並對那小女孩說，你今天不能再要一塊糖果，因為在你的生日時，你的祖母已經給你很多的糖果，你還未吃完。那小女孩卻不聽話，立刻大發脾氣，倒在地上亂叫。她的母親見此情況，非常無奈，祇好給她買了那塊巧克力糖，以求獲得安靜。這種安撫的手段，不是管教小孩的正確方法。現在許多兒童都變成小暴君，而他（她）們的父母，卻讓其發生，不予制止。

另一位同學鮑勃（BOB）說：「他的父親曾用皮帶抽打他很多次。不過我仍然很愛他和尊敬他，因為我知道我應得到這種懲罰。他為人很公正。我在他八十歲生日時，曾寫了一首詩，題為「皮帶」，感謝他給我公正的處罰，使我長大成熟。因此，我乃彷效他的管教我的子女。但我的兒子對此，甚為懷恨不滿，又說，他要懲罰他的子女時，一定很仁慈與寬恕。現在我看到我的孫兒女們的行為，和我的兒子屈服於那些小暴君的每一要求時，我實在不敢相信那些小暴君會有很好的前途。」

奧錐（AUDREY）回憶說，「我們不是每個人都被父母鞭打過。祇要父親把眉毛豎起，我們就知道我們的行為逾軌了，馬上改正。」

「我也沒有被父親打過。不過有一次我被父親責備，使我終生難忘，當時我還未入學，我父親夏天在家渡假，沒有出外旅遊，因此，我們祇在屋後觀賞美麗的花圈。我看見每一隻飛鳥，昆蟲，各種花草植物時，都非常愉快。那時，天氣很悶熱，好幾次父親都對我說：「不要飲自來水，如果口乾要喝水，必須先把水煮開，才能喝下。」可是越被禁止的東西，越很誘人。我一想到冰涼的自來水，就越想喝它。於是我就回到屋內，拉走一張椅子，站在上面，從櫥架上取出一個玻璃杯，再打開自來水龍頭，讓冷水流進玻璃杯內。我飲了這杯沁涼的自來水後，非常高興。然後又回到花園裡去玩。」

稍停片刻，我父親便走過來問道：「你已飲過自來水？我立刻否認，他又再問一次，我也再說謊一次。因此，他就領我到廚房去，指著仍很潮濕的玻璃杯說：「一個說謊的人，就永遠不會被人信賴！」接著，他就把我帶進我的臥室內，把門關好。他說：現在把你在美麗的夏天，關在臥室裡，就是處罰。

此時，全世界對我都改變了，我為說此謊言，內心痛苦不止。即使我未說出，我知道我自己已把快樂改變成沮喪。關在室內，真是度日如年，直到母親前來開門把我帶進廚房去吃晚餐，可是在進食前，我必須先請求父親原諒。

自從此次被處罰後，我絕未再說過一次謊言，甚至在社交時，也從未托辭不講實話。我寧願默不作聲，堅持誠實不欺。因此，我常常遭遇到很大的困難，因為我們的社會，是建立在謊言上的。

以上所述各節，均係筆者與瑪麗安（MARIANNE）女士問談中所言，特記與讀者共饗。

快樂的家庭

一個和諧與快樂的家庭

鮑茂一家（THE PALMER FAMILY）是小鎮上有名的快樂家庭。鮑茂在小鎮上一家保險公司上班。他的太太每日都給他帶去一包富有營養的食物，因此，他不開車回家吃午餐。鮑茂是一位很熱情的傾聽者，凡有發生問題時，人們都常去見他求救，他會想出很多的方法幫助他們。鮑茂的太太留在家裡管家，從未出外去工作。但在教堂裡，她是一位忠實的信徒，還經常擔任義工，無論那裡有需要，她都去幫助。

鮑茂夫婦育有三位子女：長女勞麗（LORI），十七歲。每星期都有兩天到一位老婦人家去，讀書給老婦人聽，或者為她去商店採購。但她不接受饋贈金錢，僅常收取一些微小的禮物。次子傑米，十二歲。他每日忙著學校裡的功課和戶外運動。三子為保羅，十歲，是一個童子軍。他很努力地要「日行一善」。這三位兒童放學後都回家做功課。如有需要，他（她）們的母親都會給以指導。每日下午五時半，全家五人聚集在一起，開始晚餐，共同享受鮑太太的烹調美食。談論當天發生的大事，有時還提出各人的評論。其樂融融，充滿和諧的家庭生活。不過，某晚的情況，突然不同了。

他（她）們都很愛吃烤雞。鮑茂說：「這是一道很鮮的美味和最柔嫩的雞肉。」他經常讚美他的太太精純的烹調技藝。他看見勞麗不碰雞肉，祇將雞肉推向碟旁，僅吃蔬菜。

「勞麗，你還沒有吃雞肉，它是一塊美味呀！」她回答說：「我不要吃它。從現在開始，我不再吃肉了！」她的父親驚訝說：「這是第一次，坐在這個餐桌旁有一個人不吃肉。」接著又說：「應該對你能夠獲得食物，表示感恩。」勞麗回答：「這些雞都受過很嚴厲地虐待。我已閱讀許多書刊，知道牠們如何被關在鐵絲籠裡，雙腳都受傷發腫，兩翅都不能張開，最後又被殘酷地宰殺！自從我閱讀了這些可怕的報告以後，我都不能安眠。人們對豬的待遇，也是一樣。要母豬像一架機器，製造很多的小豬。小豬生長在豬圈裡，不見日光，也不能呼吸新鮮的空氣。牠們受盡了痛苦和傷害，最後被宰殺時，大聲嘶叫，令人難過！因此，我決定不再吃肉。牠們生前被灌藥生長，和種種虐待。可是牠們也和我們一樣，都有感覺，都能記憶，也有性格，要我再給牠們更多的殘害？我絕對說「不」！」勞麗幾乎大叫一聲，然後淚流滿面地離席，直奔樓上的臥室。

兩位男孩眼睛直視著父母，都無聲地吃完晚餐，這是他們第一次在吃飯的時候感覺悲傷和不歡而散。鮑茂吃完後說：「在我要談吃肉問題以前，我一定先去研究一番。」從此，在很多星期中，無人再說吃肉與否的問題了。但鮑茂夫婦兩人都去搜尋資料閱讀。當母親未把肉放在勞麗的碟子上，也無人發言。她祇是給勞麗的碟子上多加一些豆類，勞麗接受後，也對之感恩。

某晚，鮑茂說：「今晚我們要再談吃肉的問題。勞麗說的對，你們的母親和我，都覺得很慚愧，因為我們很無知。她已找到一位農夫，他的動物在外面自然地放養，並在自己的農場宰殺，他也願賣肉給我們。我已決定，我們將減少進食肉類。我還記得我的父母曾經告訴過我，他們的父母因為貧窮僅在週末吃一次肉，我們也可在週末吃一次肉，或者在一週的當中某日。我們尊重勞麗不碰肉類。」旋即他又對妻子說：「我們從星期一開始新的吃肉日程。」

鮑茂的太太，準備好一些豆類和麵粉與雞蛋混合的食品以及一些生菜食品，給大家吃晚餐。鮑茂稱許道：「非常好的美食。」然後笑道：「我希望星期三能夠吃到一盤肉。」傑米正如他的父親一樣：「是啊，我也希望星期三能夠吃肉。我是一個運動員，需要吃肉，增加體力。」保羅隨即說：「我跟大姐一樣，我是一個素食者，」大家都笑了。勞麗連忙解釋：「你要成為一個素食者。OVO 是從拉丁文譯出，意為雞蛋。牛奶含有乳糖，你可以吃所有的奶製品，我們可以吃很多不同的素食，不會再想念肉類。」

他們全家的人都喜歡新的食物安排日程，也尊重各人吃食不同的喜好。勞麗是最快樂的人。她愛她的父母，因為他倆承認自己的無知，並接受改變食物的習慣。鮑茂從圖書館裡借回許多查閱吃食的資料，以便知悉人類與動物的關係。因此，鮑茂一家再次成為一個和諧，愛好和平與快樂的家庭。

萬里姻緣一箋牽

崔果（Trigale）是一個快樂的小家庭。夫婦兩人都在工作。膝下祇有一位獨生女，現在中學讀書。他們的住房是一座較小的老屋，但周圍的鄰居，都建有現代化的新房。大的房屋都有可停兩車或三車的車庫，崔果的房屋則祇有可以容納一車的車房。此外，鄰居們都有每樣的東西：如ATVI、小船和拖車，雪地機器腳踏車，露營設備，和豪華的移動屋。在閒暇時，他們便去打高爾夫球或到外國去渡假。崔果一家從未離開過本省（Sendatchewam）。他們的女兒翠西（Tracy）常聽同學們談論隨父母到遠地去旅遊。但她也像父母一樣，並不忌妒。她知道她們一家人的生活與別人不同。

她的父母常說：「人們都應該謹慎地生活，不能入不敷出。加拿大現在很困難，因為政府和個人都負債累累。崔果已提前付清銀行的房貸。他們早已計劃第一次長期渡假，故已連續節省了幾年的假期，以便當翠西中學畢業後，他們三人就先駕車去本省各地遊歷，然後再鄰省阿爾貝他（Alberta）和不列顛哥倫比亞（British Columbia），觀察各處不同的風景，認識很多的野花，樹木和野獸，穿過廣大的土地和不同的名勝，再往溫哥華島上，開車到處觀光。在北邊海岸，他們看到海獅，隨在西部海邊，他們租住一間木屋，面對廣闊的太平洋。翠西坐在岸邊數小時，觀望大浪湧進沙灘，浪花漂著泡沫，後波推著前浪，不斷地拍岸打擊，發出巨響。她把雙足埋在潮溼的沙灘裡，非常高興。她還看到各種奇形怪狀的漂木。某日，她發現一個塗有綠色的黏泥和海藻的小瓶子，她把它清洗後看見瓶中裝有一些紙張，立即拿起小瓶回到小木屋裡給父親觀看。她的父親打開瓶蓋後解釋道：「那是一封信。一個學醫的學生在三年前所寫的信。信中說：「不久以後，最後的大考就要來了。將來要去東京一家大醫院當醫生。簽名人為塔柯・哈吉莫托（Taco Hajimoto）。崔果感覺很驚奇。

翠西馬上就寫了一封回信，說明自己和父母的情況，按照信中地址寄出。

渡假結束後很久，大家幾乎都已忘記收發小瓶的信件事情。翠西的父親早已回去上班工作。她自己也已進了大學讀書。她希望將來學成後要做一個教員。某日，忽然收到由東京寄來的一封航空信，它是塔柯所寫的覆函。他在信中說明他的家庭狀況，父親在東京做進出口生意，家境富有。父親能說流利的英語，母親則否。他自己很喜歡做醫生。每日服務時間比同事較長，因為他要病人迅速恢復健康。她還告訴翠西，他對她所學的專科非常贊成。對她選擇教師為將來的職業，教育年輕人，指導他們變成負責任的公民，極為欽佩。

這一封信引起了崔果一家人的興奮。塔柯計劃在渡假時來拜訪他們。當他到達時，他們表示很歡迎。塔柯身材高，黑髮，瘦削，很有禮貌。他對崔果在週末帶他去參觀很多的名勝，非常感激。在非週末的日子裡，他租了一輛汽車，讓翠西領他到其他的景點去玩。他倆彼此互相默契，好像已是多年的好友。當塔柯向她求婚時，她沒有懷疑一分鐘，就答應了。她的父母也表同意。

可見塔柯已經贏了他們的心意。因此，他們決定在數月後的秋天，舉行婚禮。

在結婚前兩天，塔柯和父母就到達加拿大。他的父母沒有塔柯高。父親是一位愉快的人，態度很輕鬆，母親則和藹可親。兩位母親也像老友一樣，非常親熱。雙方都祇有一位子女，彼此都以心意交通。婚禮是在一個小安格里玩教堂（Angli Church）舉行，雖然哈吉莫托全家都信佛教，但沒有關係。年輕的一對新人遵照承諾，立即在沙省消磨婚假。雙方父母都認為翠西是一個快樂的女人。第三年夏天，塔柯和翠西未回加拿大，因為他倆將要生產第一位小孩，他們誠心地邀請崔果夫婦到東京去。於是他倆開始提早旅行的準備。他們抵達東京後，老哈吉莫托夫婦邀請他們住在他們的家中，受到熱烈的歡迎和招待，兩家老夫婦分享一位孫兒，都非常感恩。他們為此男孫命名為 Angli Church，藉以光耀翠西的父母。

一位離婚女人的新生活

瑪西亞（MARCIA）已經結婚二十年。她常想她的婚姻是很快樂的。她愛她的丈夫，對他的不端行為都予以原諒。但是近來他常惡言罵她，她不知道他的粗魯和挑撥的原因，她不曉得他都是預先計劃的行為。他盡量使她的生活很痛苦，逼她同意離婚。長久以來，他還與另外一位女人發生了關係，所以他要離棄瑪西亞。

當瑪西亞看清楚這個情況以後，終於同意離婚。不過，她深感她的生命已被傷害，無法平靜。過去，她都是很忠實和寬恕的。但他卻以她的忠實欺騙她，向她說謊。她每天都感覺很難過，時常哭泣，或者坐著沉思悲傷，幾乎不進飲食，越想越深陷於抑鬱之中。

隨著時間過去，瑪西亞感覺患了重病，於是她去看一位醫生求診。那位醫生給她徹底地體檢，並向她抽血和取尿液，送去化驗。化驗結果非常不好，顯示她的血液患著稀有的疾病，不能治癒。她說：「很好，這是一個死刑，對嗎？」那位醫生要她鎮靜，還說吃藥以後，可以使她能夠忍受。她仍然似乎很高興，她的生命就要終結，她的痛苦時間也快要縮短。

幾個星期以後，那位醫生又打電話給她，她當時料想，必定是一個更壞的消息。當他告訴她一個驚奇的事情發生時，她沉浸於沉思中很久。原來化驗室弄錯了化驗結果，她沒有患稀有的不治疾病。反之，她很健康。瑪西亞心緒很混亂，因為她沒有感覺很好，但她聽說鄰近一小鎮上新來的一位女醫師，大家都讚揚她。於是她就向女醫師約期看診。當年輕女醫師跟她握手時，她就總覺心情輕鬆。她對女醫師直接與間接的詢問，都給以回答，並將她離婚的痛苦，全部吐露出來，女醫師讓她傾訴表示同情。最後還站起，走到瑪西亞面前，給她一個擁抱。並說：「瑪西亞，現在是你新生命的開始。你的身體很健康，但是你的靈魂有病，你可以自己治好。一個不忠實的男人不能毀壞你的生命。你必須開始恢復你所喜愛的工作，你必須走出去，開放心情。同時每天要吃三頓營養豐富的食物，以維持你的身體需要，生活才能改善。但你必須努力去做，才能獲得。」

當瑪西亞驅車返家後，她就重複那位年輕女醫師的囑附。是啊，她是對的，她，瑪西亞，不要再向以往去看，應該立即開始從事為光明的前途努力。她想到她在年輕時喜歡縫紉很多洋娃娃的衣服。她的祖母還幫助她，給她很多可愛的材料。從此以後，她可以再做兒童的衣服。她現在仍然保有她的舊縫紉機。她記得何時根據伊頓的廣告目錄（EATONS CATALOGUE）買來，它是日本製造的，售價為四十九元九角九分。它僅能向前和向後移動縫紉，體積很重，沒有塑膠在內。

她有許多裁製兒童衣服的圖案。不久，她的注意力便完全貫注在縫紉兒童衣服上。這些小衣服都很美麗，售價也比在商店裡的衣服便宜。當她的生意太好時，祇好不接受新顧客。每晚她都對白天所做的成果表示滿意，也期望明天要繼續獲得滿足的快感。製衣之外，她還抽出時間出去散步，作深呼吸運動，讓新鮮的空氣清淨她的心情，增加她的食慾，使她沉睡一個好覺。同時，她也親手烹煮美味的食物進餐和焙烤甜餅，以為茶點。

現在，她認為她有生以來，從來沒有過著如此美好的生活。她感覺自由自在與自有權力決定一切。離婚和錯誤的化驗結果確實是一種祝福，也是一個快樂新生活的開始！

紅莓苔子果醬

瑪托（MARTLE）在她的第二個嬰兒出生前，她的丈夫已經在一次工作意外中去世。在他結婚之前，他已購買了一張很好的人壽保險單。結婚後，他又增加保險金額，故在他逝世以後，瑪托便將該項保險金轉移為另外一種特別存款賬戶，按月領取一定金額，以為母子的生活費用。因此，她對每月微薄的收入，並不十分在意，可是對她的丈夫死亡，卻非常悲傷難過。

但是她為了她尚未出生的嬰兒，不得不向前瞻望，雖然每天都在掙扎，可是當她的小女兒出生後，看起來很像她的丈夫，她的悲傷便減弱了。她很感恩，因為她不必出外謀職，仍能全日在家照顧四歲的兒子布來恩（BRIAN）和小女兒波吉特（BRIGET），很容易把他倆撫養長大。所以他倆都是她的快樂寶貝。她們三人緊密地連結在一起，凡事都共同在場。

瑪托擁有一個大菜園，她種植各種蔬菜，藉以節省購買食物的支出。她也為兩個小孩縫製衣服，編織毛衣。她的母親每星期也來探望一次，並攜帶一些烘焙的食物和很好縫製的衣料。雖然這個小家庭過著質樸的生活，但並不缺少日常必需品。小女兒波吉特很年幼，外祖母常來照顧她，讓瑪托帶著布來恩駕車出去兜風一下。她告訴布來恩沿途所見的各種樹木和植物的名稱，以及各地不同的風光。她也順道採集藥用的植物，以作冬天沖茶之用。

當布來恩八歲和波吉特四歲時，她就帶領他倆去採摘野人紅莓苔子（CRANBERRY）。她知道有很多地方生長野果如草莓，藍莓和紅莓苔子等槳果。現在紅莓苔子已經成熟，她們三人都各拿一個裝冰淇淋的小桶去裝所採的紅莓苔子。波吉特第一次參加採摘紅莓苔子，非常喜悅。瑪托駕車沿著公路駛行一小段路程後便轉進一條砂石路，她慢慢地駛行，藉以觀賞周圍的風景，有好幾次都看到野鹿在路旁，還有一隻美麗的狐狸穿過砂石路。到處都有很多叢集的艾菊（Tansy）。瑪托旋又轉向駛進一條狹路，兩旁的樹枝和矮樹都碰到車身。

當汽車駛抵一處空地後，她便停車，讓三人都下車。她們祇走了幾步，便能採摘各種莓果。今年各種莓果都長得很大和很多，她們安靜地迅速採摘。廣大的荒野和寧靜的氣氛，使她們非常畏敬。當瑪托和布來恩的小桶都裝滿了紅梅苔子後，布來恩就幫波吉特去裝紅莓苔子。瑪托又取出一個袋子來裝。她絕未想到今年會得到如此豐盛的收穫。

忽然她們聽到一陣噪音，從她們右邊的濃密矮樹叢中傳來，顯然在那裡有什麼東西在移動，於是她們立刻停止採摘並傾聽，突見一隻大熊走出來了，站在那裡不動，觀望四方，用鼻嗅覺。瑪托當即低聲道：「趕快，進入車內！」她們都拿著小桶，很快地走進車內。立即關上車門，同時也看見那隻黑熊完全站直身體，令人害怕。波吉特大嘆一聲：「唉，我的天，好險啊！」接著又說：「它可能要咬死和吃掉我們！」布來恩辯解道：「不會，我想，它還未看見我們。」瑪托也跟著說：「你說的對」，熊很近視，看不清楚。祇有在我們移動時，它才站起來，然後才能看到我們，它也不能嗅覺到我們，因為風會從它的嗅覺方向吹走。

她們返家以後，才談到這次冒險的出行。瑪托煮好果醬後，裝進十二個瓶內，另外還盛了一碟，立即給她們三人共食。同時她又給布來恩一些標籤，要他貼在十二個瓶上，並註明「紅莓苔子果醬。」又說：「不要忘記加註年代。」布來恩遂用大字清楚地印上「大熊果醬」。

難民與感恩

加拿大的越南難民的辛酸淚

——臧家克服困難，獲得自由的美滿生活！

臧家一家人（The Tran Family）在一九八〇年八月二十四日抵達蒙特利爾（Montreal）後，即與其他五〇〇「船民」一起住在某一軍事基地內。當他們被歡迎到加拿大時，立即把舊衣換掉，加以「消毒」，臧金（Kim Tran）說。

在越戰結束後五年，臧家一家人，才到達蒙特利爾。當西貢陷共時，他們即與成千上萬人一起逃離越南，大多數的人都乘船而逃。

在越戰終止與他們抵達蒙特利爾之間，臧家全家人都被關在越南海外一個小島上的監獄裡兩年。

當這些船民進住某一軍事基地後，立即丟掉舊衣，換穿發給的睡衣。所以出入軍營時，在他們身上有黃色，粉紅色或淡綠色。

臧金說：「五百人穿著睡衣在軍營中往來，非常可笑。」

臧家一家人在加拿大沒有親戚可以依靠，於是加拿大聯邦政府就把他們送到沙斯克通（Saskatoon）去安置。

「我們從未聽說過沙斯克通這個地方」，臧金說：「我們衹聽說過多倫多（Toronto），溫哥華（Vancouver）和蒙特利爾。」

「我父親臧法明（Phat Minh Tran）曾向軍營某人詢問沙斯克通的情況，那人說：「那個地方非常寒冷，你一定要把耳朵包好，如果有人摸你的耳朵，它就會掉下來。」

還有一個男人形容更加厲害，假如一個男人暴露在嚴寒冷氣中，他的身體某部分會被凍落。她帶笑地說。

但她父親對這些傳說並不擔心。

「他很樂觀」，她說：「別人可以住在那裡，我們也可以住在那裡。」

當她繼續說下去時，她也大笑起來。

「我們到達沙城第一年時，我父親在他的皮靴底面，加釘了螺絲釘，以便抓住滑雪。」

由於他們已經遭受過很多的艱苦，這二十一人突然來到一個新環境，受一點寒冷，並不能嚇止他們。況且，他們是在一九八○年九月三日抵達沙斯克通，冬天還未降臨。

臧家一家人抵達沙斯克通後，即被安置在一個「殖民汽車旅館（The Colonial Motel）內，分住四個房間。」

臧金說，當時沒有為難民服務機構像現在的「開門服務社」（Open Door Society）。

「我們對於困難的問題，祇好自己設法解決。我們能夠生存，並能住在這裡，非常感恩。」

雖然沒有任何機關幫助我們，但是仍然有很多人挺身給我們援助。

某日，我們家裡有三個人：快衣、田恩和賴海（Khai, Tien and Nghai）走進附近一個公園裡，看到兩位男童騎著腳踏車，就請他倆一起回到殖民汽車旅館吃些小食。快衣說，這兩個男孩似乎很害怕。

快衣渴望學習英語，拿出一本書和錄音機，請他倆對著錄音機讀書，以後他就可以好好學習英語。他倆讀完後，吃了小食，然後才回去。

這兩個男童回家後，便將他們與快衣相遇和讀書錄音的經過告訴他們的父母，這對父母又將他們兩兒的這種奇遇向其教會（Our Lady of Lourdes Church）會眾宣告。因此，教友建和蘇道斯門（Jim & Sue Dosman）夫婦深為感動。他倆立即和臧家聯繫，並引領他們融化於加拿大的文化之中。

道斯門夫婦是天賜給臧家的幸運。「道斯門夫人來看我們，並知我們希望進學校求學。」臧金說：「從此以後，她每天早晨都帶著嬰兒來到我們居住的旅館接我們家裡七個人一起乘坐到考斯威爾學校（Caswell School）去上學。」

蘇．道斯門說，臧金可能說她有太多的功勞，她和她丈夫都很高興地給他們援助。此後，他們兩家和睦相交很多年。蘇又說，她們給臧家的援助，也得到很多的回報。

「他們一家人都立刻找到工作。當他們家人舉行家庭慶祝時，也邀請我們參加，共享娛樂。他們沒有忘記我們，因為我們從開始就認識他們。他們很感恩，我們非常高興。」

道斯門夫婦也是在臧金父母慶祝結婚七十週年大會中受邀之客人。「他們已經渡過很多的艱苦，但他們全家仍然團聚在一起。我很敬佩他們。」蘇說：「很高興認識他們，並看見他們美滿的成功。」

在考斯威爾學校中，阿爾賴托（Al Reichert）是臧金的第一位教師。「那是使我們非常興奮的時刻——小孩，教職員」，他說：「我想我們可能從他們學到的比他們從我們學到的還多。」

「臧家人是很了不起的。我心中常想到臧金，當她初到此地時，他很感混亂，不是一個快樂的孩子。但當一切都安排好，她便快樂。她是一個令人喜愛的學生。」

臧金回憶，她家裡的人為了尋覓一處可供全家二十一人居住的房屋，非常煩惱。

「我們非常害怕分離。」她說：「我們試著去找一個大房子，足夠我們全家人住在一起。」

他們有兩次近乎找到一所住處，但每次都被房東拒絕租出。兩次失敗後，就讓他們停留在殖民汽車旅館更長的時間。最後，他們在十九街與B道交界處租到一棟大屋。現在那個地方已經變成「農人市場」了。

臧家搬進新屋後，每次僅採購一種傢俱。他們吃飯時所用的三張桌子，都有不同的形狀。放在桌子四周的椅子，也有相異的型式。

臧法明先在沙斯克通求職，立即獲得一個改建房屋的工作，但他卻想去溫哥華做造船工作。因為他的家人都已在此落地生根，他就沒有離開。

臧金說，她的家人仍然很緊密地住在一起。

「我們到任何地方，都是一起同去。例如：我們一起到不列顛哥倫比亞（British Columbia）；我們一起去參觀博覽會。當每年此地舉行遊樂集會（The Fair）時，我沒有缺席一次。我父親一定要我們都去。」

「我通常都會嘔吐，當他讓我們坐上那些飛輪之類的玩具時，我們都不要乘坐它們。但他要我們獲得乘坐這些玩具的經驗。他一定率領我們去遊玩，也不讓我們錯失機會嘗試任何事情，因為我們是加拿大的新移民。」

她說，現在還是全家一起去旅行。但目前的人數已經增加到六十人。她已經主辦過全家人的聖誕晚餐。

臧金說她的生活很好。

「我常告訴人們，沒有任何事情更比我家以前所遭遇的更加艱難。它是攸關生死的時刻。我們走出困苦，因為我們都有一個樂觀的態度。我父親是一個有計劃的人。當他計劃要做一件事情時，他一定會執行下去。」

「沒有他的智慧和勇敢，我們現在不會坐在這裡。要有很大的膽量，才能帶領很多人逃出越共的魔掌。他已做到。」

感恩回報

琳達．許登（Linda Sheldon）很少離開河濱（River Dale）的家中。她現年九十二歲，是全家唯一尚存的人。她的哥哥沒有結婚，在壯年時去世，她的姐姐雷娜（Lena）也已於五年前去世。她雖結婚，但無子女。琳達和住在哈裡法克斯（Halifax）的姐姐很親近。雷娜和他的丈夫很富有。每年都到外國旅行一次。但她自己並不喜歡旅行。琳達已將她們夫婦所寫各地的信件收藏起來。

琳達經常在客堂內窗口旁坐在靠背椅上，觀看屋外來往的行人。某日，突然有一輛汽車開到她的門前車道上。一位老人坐在駕駛輪盤前面，另外一位和他約略相同年紀的婦人走下了車，步上她的前門門口。琳達不曾見過此對夫婦。當門鈴響起，琳達即刻去開門。那位陌生婦人便笑著問她：「你必定是琳達許登？」琳達很感迷惑。但客人仍繼續說：「我是盧得迷娜・瓦古茲（Ludmilla Warkusz），你很多年前，曾寄給我們一個很珍貴的包裹！」琳達聽後，始憶起此事，立即請她們夫婦倆進屋。琳達烹煮咖啡，招待他們。三人一同坐在廚房內敘舊。盧得迷娜說到過去的故事，琳達也點頭回想到那些往事。

「我不記得我收到包裹時是哪一年，似乎是很久以前了。當時我在威赫羅烏（Wejhrowo）市一家高級咖啡館寄物處當一位收物員。那時到波蘭的遊客很多，我們都渴望與外國人交談。有一天，一對夫婦來到咖啡館。他們都說英語，我祇能說一些破碎的英語。但這對夫婦也能講德語，我說德語比講英語好，因此，我們便用此兩種語言交談。他們倆人對波蘭很感興趣。於是我便不顧羞恥，向她們要求援助，給我們寄幾件包裹。當時我們不能獲得在外國容易取得的物品。而且，那些物品的價格都很昂貴，我們皆付不起。他們當即寫下他們的姓名和地址：雷娜和包甫斯提威哇特（Lena and Bob Stewart），住在哈裡法克斯某處。同時，也將她的姐姐琳達許登住在蔭斯克其旺省河濱的地址告訴我們。雷娜又說：稍後，假如我收到兩件包裹的話，我可以分一些東西給朋友。

果然，三個月後，斯提威哇特寄來第一件包裹。不久以後，琳達許登也寄來了一件包裹。無人知道這兩件包裹內的食物和衣服是如何的珍貴。我們也收到其他朋友援助的許多包裹，使我們能夠安渡那些艱困的年代。很多年以後，我們的女兒和一位男士結婚。他已取得所有移民加拿大的文件，所以他很快地便把他的新婦接到加拿大。他們倆人定居於加拿大滿尼托克省（Manitoba Province），他在當地得到農業工作。最初，他們夫婦有一段艱困的時期，但他們非常喜愛住在那裡。多年後，他們學習法律的兒子，也為他們夫婦辦妥了移民加拿大的手續。我們非常高興居住在蒙尼托把省，與兒孫們相聚在一起。安居以後，就想要感謝那兩家慷慨地援助他們的朋友。

我的兒子發現斯提威哇特夫婦沒有兒女，並且都已去世。同時也知道你仍未結婚，住在原址。因此，我們開車，專門拜訪你。對你過去的援助，表示衷心的感謝。」

當盧得米娜講話稍停後，便與丈夫交談幾句。於是她丈夫立即站起，走出門外他的汽車旁，打開車門，取出一件大包裹，拿回屋內送給琳達。盧得米娜解釋道：「我已經花費很長的時間，把這件東西做好，才拿來送給你。我在加拿大學習補綴藝術，我繡了很多「謝謝你」和「祈望你健康，快樂和長壽」等字在上面。」

當琳達打開此包裹時，她大為驚訝贊嘆。她從沒有見過如此美麗的毛毯，繡滿了她所喜愛的濃淡不同的藍色背景。她從未收過任何人給她如此奇異的藝術禮物。附在毛毯的卡片上的文字，更讓她深深感動，淚水模糊了她的視線。當她再觀看時，此對波蘭夫婦已靜靜地步出她家，駕車歸去。

旅
遊

冒險的生涯

當艾希林．喬治（ASHLYN GEORGE）踏進南極一個海灘上時，她才二十九歲。她的內心似乎膨脹起來，像要破裂一樣。

「真是有點超現實，很感動。即使到現在，仍覺有點心跳。那時天氣很好，海裡有很多鯨魚。我們爬到一處山邊，許多企鵝也向上爬行。我要慢行一點，內心有點慶幸，不像在到處跳動。祇在步出小船，走上大陸後，感覺很滿足。」

當喬治於二〇一七年一月登上南極岸邊時，標明她已完成一年長的夢想：即在三十歲時訪問七大洲。

在她遊覽南極一年多以後，這位來自加拿大飛沫湖（FOAM LAKE）的女人仍然很冒險，盡量利用每次機會去新國家探險，或試新的戶外活動，和到她出生的沙斯客其旺省（Saskatchewan）內各處去觀光。

她說：「她希望旅行的地點名單，一長串的地名以後，又是另外一長串的地名，絕對沒有終止。」

「當我第一次開始旅行時，很多人問我何時才會定居下來，過著正常的生活。這些話都使我有默不快，因為旅行已是我的真實生涯。」

喬治現年三十一歲，什麼使她喜愛旅行。旅行不是她夢想的一生。她不曾乘坐飛機，直到她十四歲時，才和父母與哥哥一起飛去英國訪問家族。

當她在沙斯客其旺大學選讀文學與理科課程時，她有一位同學要去外國大學讀一學期，她大吃一驚。

「我喜歡『什麼』？我愛在這裡就讀。為什麼你要到外國大學去讀一學期？」喬治回憶說。此後，她又繼續和家人與朋友同去旅遊數次：先去墨西哥，再往英國，然後決定把旅遊放在背後。

她在二〇一〇年畢業於沙大，獲有教育與英語兩個學位，但她仍未準備進入工作行列。

她曾想謀求擔任一位中學科學教員，但她放棄了這個計劃，改以五年旅遊代替。即每六個月擔任暑期工作，另六個月去旅行。她決定第一個大旅行的地方是澳洲和紐西蘭，因為那兩個國家的人民都講英語，而且文化與加拿大相同。

她住在青年招待所內，以節省開支，並會見許多比她更有經驗的旅行人士。她生動地回憶說，曾與一位英國人談到去高棉的吳哥窟觀光——她從未聽過那個國家聖城的神殿群。

她說：「我曾經想過，世界上有很多的東西我不知道，我都要去看看。」

在她從澳洲回來後，她就喜歡旅遊。那年夏天，她先到沙斯克通市（SASKATOON）公園局工作，閒暇時便計劃下次旅遊的地點。隨後即去東南亞，南美，中美和非洲探險。在二〇一二年也去了吳哥窟。

她不是一個喜歡居住在城市裡的人。她要盡量地花費她的時間去與自然接近，做各種不同的活動，她的朋友和家人都接受她的生活方式和繼續地支持她，甚至對她在假日和偉大的節期不常在家，都表示諒解。

喬治建立一個自己的網站——《失落的女孩搭建世界的指南》THE LOST GIRL'S GUIDE TO FIND THE WORLD（http://www.thelostgirlsguide.com/）。她在網站上面詳細地記錄她自己一個女人的探險的秘訣，包括節儉的預算，使她能夠繼續探險。

她在互聯網上學習照像，電視播報和社會媒體聯結，以繼續充實和發展她的網站。但她不注入她自己在美麗的地方所拍的許多誘人照片，而是輸入她常戴著帽子，聚焦在向人表示他們也可照樣旅行的探險。

二〇一四年歲末，她已完成五年的旅遊計劃。她開始擔心她的前途。

喬治回憶說：「我不知道以後要做什麼？在我獲得這些使人驚異的旅遊經驗與難以置信的自由以後，我回到家中會尋得什麼樣的工作？」

但是出人意料之外地政府要尋聘一位來自沙省的人，二〇一五年將到全省各地去旅行並寫下各地的情況，她認為自己很適任，便立即申請該職。當時她正在非洲東部馬達加斯卡旅行，面試時，她還在史瓦濟侖。

那次被約談是一種冒險。她在一家四星旅館裡租了一間會議室，裡面設有互聯網和電話。她也買了一件職業性的上衣穿在身上，使她在訪談中看起來很優雅。至於下身衣服，她認為沒有關係，反正訪談的人不會在聯絡電話中（SKYPE）看到它們。

據沙省觀光局長約翰勒遜．勃提斯回憶說：「對她的申請，有很多不利的因素。但是對她的個性，能力，熱誠以及知道如何利用社會媒體宣傳，使她在訪談中表現了光彩。」

他說：「我們知道僱用了她，猶如我們手中握有一粒明珠。」

當她在南非時，即接受沙省之任命，立即束裝返回沙省，開始新工作。她很興奮，但也緊張，因為她的將來生涯，就可能依靠她明年的工作表現。

「我知道這項工作將是我以後要抵達目標的跳板，因此，我要抓緊每一次機會走上網路，表露自己，把每一樣事情都輸入進去，對於任何可能得到的經驗，絕對不說「不」。」喬治說。

二〇一五年喬治全神貫注地探尋沙省各地情況。她對阿爾波特王子國家公園特別喜愛，尤其它在冬天的活動中，她最欣賞。她也對省立狹窄山丘公園裡珠湖之美麗非常敬畏。珠湖在北面，距離阿爾波特王子國家公園衹有一百五十公里。

作為一個沙省人，她最記憶難忘的經驗，是乘坐一架加拿大雪鳥軍機（CF SNOWBIRDS）時，軍機駕駛司機把控制柄轉交給她。喬治說：「這是一種非常特別的大膽行為。」

她還盡量地觀看沙省的地圖，探查找不到的吸引人的觀光景點。例如：在大佛和文搖之間有一個小陶器店，女主人把自製的陶器放在一間小屋裡，讓顧客各自「誠實付款」購貨。喬治非常喜歡這個陶器店，在與此女藝人談論後，立即撰文介紹此陶器店和其主人，在其網站上傳播出去。自此以後，前往那陶器店的顧客就增加了，那位陶器工藝人瑪利亞．阿勒芬生大為喜悅。

阿勒芬生說：「她所去的地方，都沒有人想要去的。可是她卻停留在第十六號公路旁我的小店裡很可以輕易地說：「啊，這不是一個很大的吸引人的觀光名勝。」」

「我的確很喜歡她能進入很多的地方和探詢不尋常的事物。所以她將光亮照在不是每人都知道的，打開了他們的心靈，讓他們知道所有應該知道的事物。」

當喬治的任期屆滿後，她又乘機飛往冰島旅遊數週。返回家鄉後，她就開始自由旅行作家生涯。她已為加拿大汽車協會沙省雜誌撰寫旅行經驗，還與幾個大公司簽訂合約，讓她的社會媒體把它們的訊息傳達出去。

二〇一六年，一家地中海海洋遊輪公司聘她擔任一次海上游弋時拍攝電視播報情況。她也曾為阿爾貝他省旅遊局和墨地生觀光局作過工作。在過去五年中，她曾將自己在每個國家內的麥當勞速食店吃麥當勞漢堡（MAC）時拍成照片，因此，最近她與麥當勞速食店簽約，為他們宣傳。（http://www.thelostgirm/photography/mcdonalds-big-mac-every-country.）

在二〇一七年，喬治被提名授予一枚女青年會二十九歲以下卓越婦女獎，又接受沙省觀光旅遊媒體獎。她的網頁也被 SASKNOW 網站選為最佳部落格。她自己還被列入加拿大廣播公司沙省四十受獎人名單內。

喬治描寫她成為自由撰寫人的生活時，有時好，有時壞。有很多星期，她被太多的工作淹沒，在其他的星期，她都很緊張地查看她的電郵信箱，希望收到一些電郵。

她說：「查看線上的訊息，看起來很容易，但是在背後，會不停地發問：「這星期我要到何處去賺錢。」

在旅行十多年以後，喬治仍有一長串的地方名單要去探險。其中之一就是加拿大。她已經旅遊過七大洲，超過五十五個國家。但是在本國加拿大，她到過東部最遠的地方，就是滿尼托巴省的不蘭登市。

喬治說：「她沒有在加拿大平原三省以外去旅行是故意的。因為在加拿大國內旅行非常昂貴。她想，如果最後她有了兒女時，攜帶他們一起在國內旅行會比到外國去容易。」

提到她自己為自由旅遊作家時，她說：「我不知道這行業是否是我計劃的永久職業，我現在很喜歡它，工作愉快。但是我也在考慮，如果我將來選擇要有一個家庭和生養小孩，我要如何同時建立我的生活型態？

她可能先開始建立一個媒體公司，或者她再考慮回到學校去。不過，就目前來說，喬治已將她的感情變成一種工作。她還說她已不能再等待到下一個地方去探險了。

觀光大客車上的愛情

露西雷爾·魏比（Lucille Wiebe）和刻思·額爾哈特（Keith Elhart）乘坐在西方世界參觀園（West World Tours）開到維多利亞（Victoria）的遊覽大客車上，兩人的眼睛第一次對看時都不知在數月以後，他倆就訂婚了。

在他們的配偶都悲慘地去世以後，沙斯克其旺（Saskatchewan）的露西雷爾和阿爾貝他（Alberta）的刻思都是第一次單獨的一個人去旅行。

露西雷爾很擔心一個人單獨旅行，不過在與加拿大汽車協會里賈納東部商店（CAA Travel Consulting，Regina East Store）導遊諮詢人銳科·索透（Rachel Souther）討論以後，便決定參加西方世界旅遊團去維多利亞市。

同時，刻思原擬到別處去旅行，忽然改變意志，通過阿爾貝他汽車協會顧問勞銳・賴瓦（Lori Niwa）的解說，參加同一遊覽大客車前往維多利亞市。

當他倆在遊覽大客車上相遇時，立刻就互相吸晴，其他旅客也注意到這種情況，導遊小姐黛比・麥克銳（Debbie MaCrae）也即刻爆發火花，為倆人撮合，坐在一排。於是這對男女很快地便談論不停。

在旅行終止時，露西雷爾與刻思便交換彼此的聯繫資料，以保持聯繫，夏天過去，他倆的友誼，也變成了深情戀愛，更談論到結婚和購買戒指等事。

秋天到了以後，倆又向西方世界旅遊團買票到加拿大東部海洋各省去觀光。當大客車抵達喔大華（Ottawa）後，刻思便跪下一隻腿，向露西雷爾送上一個閃耀的戒指求婚。她當即對刻思說：「我願意……」

兩位導遊麥克銳和伯特・勞羅桂（Pat Laroeque）隨即打開一瓶香檳酒向他倆祝福。當伯特向全車旅客宣佈此項消息時，獲得如雷的掌聲。

當香檳酒氣泡消失以後，露西雷爾與刻思繼續他倆羅漫的戀情，在海洋各省的名勝和古蹟參觀。她倆沈浸在「安大咯、紐不藍滋克、魁北京、洛瓦斯科狹、和愛德華王子島（Ontario, New Brunswick, Quebec, Nova Scotia and Prince Edward Island）內所有的風景區內。「我們很欣賞魁北京市內的古老建築和鋪滿石塊的街道」，露西雷爾說：「那個城市和奈格那瓜在湖上（Niagara-on-the-Lake）是我們最喜歡的地方。

她們在哈裏法克斯（Halifax）市參觀了第二十一號碼頭，留有深刻的印象，還說：「我們不會忘記這個地方。二十一號碼頭自一九二八到一九七一是海洋郵輪到達的終點和移民收容屋所在地。這個移民收容屋是加拿大現在僅存的最後一個海港收容移民的設施。所有參觀的遊客都可在此搜查郵輪抵達的資料，並可查明自己與其先輩家人的關係。露西雷爾找到她母親到達的時期是在一九二八年，當時她僅有八歲，從波蘭跟家人移民而來。

當他倆反思過去的情況，不得不考慮她們的將來。雖然她倆現在尚未決定結婚的日期，這對戀人已經很興奮地互換了「我願意（I DO）的婚誓！」

加拿大的鐵路旅館

加拿大的風景優美，很多人都知道。可是對於橫貫加拿大的兩條鐵路都建有附屬的旅館系統，卻鮮為旅遊人士談論。這些鐵路旅館，都是為了接待大英帝國的皇室人員而建，極為豪華、高雅和地處每一大都市的中心位置。

以上所述的兩條鐵路：加拿大太平洋鐵路（Canadian Pacific Railway（CPR））和大幹道鐵路（Grand Trunk）。它們所建的旅館，都是模仿歐洲的城堡和蘇格蘭的男爵建築模樣（Scottish Baronial Styles of Architecture）造成的。

當二十世紀初葉，英國國王及其家屬開始巡視加拿大西部地方，兩條鐵路的首長預知他們都要在每一平原大都市下榻一棟大旅館。

喬治國王五世、六世和伊麗薩伯女王二世都曾在加拿大西部平原五大鐵路旅館住過。

現在就各鐵路旅館分別簡述如下：

（一）愛民頓的費爾曼麥克但絡旅館（Fairmont MacDonald, Edmonton）：

它是以加拿大首任總理約翰．麥克但絡（John A. MacDonald）命名，在一九一五年開幕。旅館樓高十一層，共有一九九間臥房，屬於大幹道鐵路太平洋旅館旗下，外貌為城堡形狀，可俯視北薩斯克其枉河谷（The North Saskatchewan River Valley）。

在一九三九年，英國國王喬治六世和伊麗薩伯皇后曾經駐節於此。當他倆出現在陽台上時，台下朝見大眾造成愛民頓市第一次交通大塞車。

（二）卡加利的費爾曼包立叟（Fairmont Palliser, Calgary）旅館：

當旅客進入旅館的大廳後，立即可以看到富麗的大理石和橡樹製作的嵌板

（the opulent marble and fumed oak paneling）。灰色的藤勒西大理石及和襯著包提斯絡圓柱（the grey Tennessee marble contrast with Botticino Columns），非常醒目。

此奢華的旅館係照愛德華商業形式（Edwardian Commercial Style）在一九一四年建造而成。其外觀受芝加哥摩天樓的影響，同時也極力設計像平原的儲糧倉（Prairie Grain Elevators）。

它的位置，靠近加拿大太平洋鐵路車站，對於旅客乘搭火車前往西部洛磯山或去加國東部，非常方便。

它最吸引住顧客的一點，是其瑞滿諾克餐廳，每日供應野玫瑰下午茶。如果住在廣大的國王套房，還有免費早餐和晚間小食。

（三）薩斯克通的戴爾他伯斯博羅旅館（Delta Bessborough, Saskatoon）：

在 1920 年代後期，大幹道鐵路和四條較小的鐵路合併為加拿大國家鐵路（Canadian National Railway CNR）後，立即決定在薩斯克通市建築一棟奢華的旅館。該堂皇的大廈位於市中心，兩邊各有一個河濱公園。一九三一年，英國第九博羅伯爵兼加拿大總督威爾貝勒拜曾潘森卑（Vere Brabazon Ponsonby, 1880 – 1956, 9th Earl of Bessborough and Governor General of Canada）同意加拿大國家鐵路以伯斯博羅命名此旅館。一九三二年此旅館建成後，立刻成為加國最現代化的旅館，裝有自動電梯，共有二二五間客房，其中包括十六間套房，步入小塔上面，可廣觀南薩斯克其枉河的美景。

（四）里賈納的薩斯克其枉旅館（The Hotel Saskatchewan, Regina）：

在 1920 年代，加拿大太平洋鐵路決定在此「女王城市」建立一棟莊嚴的旅館，當即選定里賈納市靠近雅多利亞公園處建造。其外牆係用灰色的蒙尼托巴泰恩達石塊（pale Manitoba Tyndall stone）所砌成，內部亦極為華麗。

此旅館樓高十層，共有二百二十四間客房。自設電廠和水源，在一九二七年五月二十四日開張。館址距加拿大太平洋鐵路車站僅隔數排房屋，為當時里賈納市一棟偉大的宮殿，可以接待皇族和高級旅客。

2012・英國王子查理和肯米娜來訪時，就住在這裡。有一間三面開窗的套房，可讓住客對里賈納市和維多利亞公園一覽無餘。

（五）溫尼柏的蓋瑞旅館（The Fort Garry, Winnipeg）：

當大幹道鐵路在完成東西線連結後，便於一九一一年開始在溫尼柏市中心建造蓋瑞堡壘旅館，它距鐵路的聯合車站僅隔一排房屋。建成後即於一九一三年開幕。樓高十二層，是溫尼柏市的第一棟高樓。因此，蒙尼托巴省的首都便被稱為「北方的芝加哥」。現在這棟豪華的大建築，仍然展現昔日的高雅，大廳內有大理石鑲嵌的牆壁，柯林遜的圓柱（Corinthian columns），閃亮的吊燈。此外，還有四間廣大的跳舞廳，可供賓客娛樂。故此旅館不但可以接待皇族，任何人都可以預訂入住，過一下國王威懾的癮，享受一次皇族特權的優遇。

乘火車觀賞加拿大洛磯山

洛磯山登山號（ROCKY MOUNTAINEER）火車從溫哥華車站駛出後，即開始離開太平洋岸邊，穿過市區、走向繁盛的佛瑞搜河谷（FRASER VALLEY）。我們坐定後，便伸出雙腿，拿出書本準備閱讀，同時也向同排座位對面的同夥招呼一下。車外城市裡的景緻立即轉入深綠色的農田，火車的速度也加快了。

一位笑容滿面的年輕服務員抓著麥克風，指出位於美國華盛頓州的貝克山（WASHINGTON'S MOUNT BAKER），係屬飛瀑山脈（CASCADE MOUNTAIN RANGE），離此六十五公里。

乘客中有澳洲人、美國人和歐洲人，突然都站起向遠方雪嶺拍照，我們加拿大乘客，都曾駕車看過這些風光，不禁都相視微笑。

此車從溫哥華開到邦夫（BANFF），共需駛行兩天。它將爬上一六二六米高，在驚險的洛磯山上婉轉而行。沿途所經山脈都很高大，險惡，但較年輕，還未遭受千萬年風霜侵蝕損害。

雖然我們不知這些山脈風化詳情，但我們將會看見大角羊，麋鹿，老鷹和熊。這條奢華的火車將會停留在鐵軌上，讓裝滿鉀肥和糧食的貨車通過。沿途的居民，有在此居住幾千年的印第安人，後來移入的人，包括惡名昭彰的皮貨商人，火車劫匪，淘金礦工和火車製造者。

不過，第一件事，先談酒吧車。

你不須先買一杯 CAESAR 或 MIMOSA，因為現在才十點鐘，但你仍有對華麗的美景和你的幸運舉杯相祝。我們的座位都很舒適，且有足夠伸腿的空間，可以透過玻璃圓車頂觀賞北美洲最奇特的高山美景。

火車軌道和橫貫加拿大公路平行，我已經看過這條公路的景緻很多次。不過，當許多地方汽車無法通過時，坐在這輛火車上就可從新視角觀看風景，因此，我發現很多以前未曾見過的美景。

火車通過基爾貝雜雜店（KILBY GENERAL STORE），它是在一九○六年建造在一塊高地上，以免浩瑞生河（HARRISON RIVER）氾濫時遭受淹沒。火車繼續前進到阿隔夕（AGASSIZ）、此地如此命名乃為紀念一位英國人，他曾希望在此河床上發現金子，但他沒有成功，後來卻改經營畜牧農場。火車再駛過合浦（HOPE），它於一八四八年被皮貨商人建為合浦堡壘，希望成為赫德生皮貨商店（HUDSON'S BAY COMPANY）的一條好路線。

此時，加拿大的乘客，都在回憶中學時代的歷史課程，其餘的人都翻閱此火車上的 MILE POST 報紙。其實，較好的報名應是「你要知道此條路線每樣事情的報紙」。它刊載地圖，故事和許多點滴，包括群山上野生動物的簡介；例如：灰熊（GRIZZLIES），黑熊、狼，和神秘的大腳有毛的野獸（SASQUATCH）。

車上服務員，對窗外風景講述很多的故事，內有許多人的特別技藝和自然的奇妙；像海狸壩（BEAVER DAM），熊掛尋找地方器（GPS）項圈和感應器（SENSORS），可以在山石流爆發前就感覺到，這些笑話雖然粗俗，但他們都很愉快地端給乘客好吃的茶點和飲料。即使我們在金葉餐車（GOLD LEAF DINING CAR）卻也獲得非常好吃的美食。

火車隨著佛瑞瘦河（FRASER RIVER）轉向北方。此河命名是為紀念一個蘇格蘭人塞門．佛瑞瘦（SIMON FRASER）。他在二百多年前被送往加拿大西部探險，其目的在尋找一條水道以擴展西北公司（NORTH WEST COMPANY）皮貨業務。西北公司為赫德生皮貨商店之勁敵。年輕的佛瑞瘦於一八〇八年的日記中寫道：「我已經在洛磯山很久了，還沒有看見任何一地可比本國。有時，我無法形容我們的情況。我們必須通過無人冒險過的地方。」

現在，每年從四月到十月，乘坐洛磯山登山號火車的乘客，都超過十萬人。每一節車上都有澳洲人，英國人和美國人。如果你在車上走動，和同伴交換座位或交談，你會聽到從本國各地來的或從世界各地來的旅客，講著不同語調的英語。我們輪流走過兩車之間的通道，微風吹拂我們的頭髮，我們也乘此機會，多拍了不少照片。

午餐時，我們從圓頂蓋車走下螺旋形步道至金葉餐車，那裡有白色餐巾，銀色餐器，還有傑克遜（A. Y. JACKSON）的印象貼在車壁上。但很快地大家便轉移到加拿大七大畫家的傑作上。此時火車正通過地獄門（HELL'S GATE），它是一個非常險惡的地方，也是佛瑞瘦河最狹窄的一段，河水被迫衝下一條峻險的狹谷。

我們從建立一世紀的拱形大橋跨過河，對於此橋工程師的功績和橋下奔騰的河水，非常驚嘆。隨即又通過雪崩場（Avadamche Alleyl），火車便慢慢駛行，讓乘客撕取一張貼在電線桿上的摩斯氏電碼信息（Morse code message）。同時，一位服務員就指著一棵電線桿頂上，築有一個巨大的鶚鳥巢（OSPREY NEST）。

當晚餐時，火車駛進堪洛浦鎮（KAMLOOPS），鎮民在遊戲上，自家後院裡和公寓的陽台上，都對我們揮手致意。還有幾位穿著紅衫和繫著白領巾騎馬者向我們大聲說哈囉。這些騎士都是堪洛浦一隊自願騎馬歡迎委員會會員。

我們跳下火車去吃晚餐，並在當地旅館住宿一夜，次晨，我們都重上火車吃早餐，十小時以後，火車便抵達邦夫。

火車駛過阿敦斯河（ADAMS RIVER）上游，鮭魚遠從太平洋逆游五百多公里來此產卵。火車繼續駛到土匪畢累墨樓（BILLY MINER）於一九〇六年搶劫火車的地方，他祇搶到十五元。

因為火車慢行，我們便能看見一塊加拿大最早期的紀念碑，該處是加拿大太平洋鐵路在一八八五年釘下最後一根鐵釘。火車繼續慢駛到瑞威爾斯托克（REVELSTOKE），該地如此命名，是為紀念一位英國銀行家出錢完成這條國家鐵路夢。

這是一個非常偉大的夢。洛磯山登山號火車沿著河岸婉轉，圍繞著山嶺旋轉，並通過漫長的隧道。當火車向下駛行時，在羅傑通道（ROGER PASS）中突然進入黑暗的堪那替隧道（CONNAUGHT TUNNEL），乘客們都停止了呼吸。在黑暗中駛行八公里後竄出，大家才喘息過來，歡躍不止。火車服務員當即說了一個笑話：「為什麼叫CONNAUGHT TUNNEL？因為我們看不見呀！（Cannot See）」

火車駛出了隧道後，我們又看見了很多景物，大家都降下了下顎，山羊站在遠方的岩石上。有人喊道：「鹿在右邊」，一個女客回問道：「哪個右邊？」另外又有一個人看見一隻熊。當這些野獸剛被叫到時，立刻又不見了。不過，還是有幾位幸運的旅客，很高興地將那些在叢林中不清晰的野生動物拍了照，和同伴分享。

當我們抵達大陸分界點（CONTINENTAL DIVIDE）時，我們便回到圓頂蓋車上觀看。這個大陸分界點是北美洲最高點之一。整條火車都在此停下，讓遊客們欣賞。從此大陸分界點看，河流不是往西流向大平洋，便是往東流向大西洋。當大家的照像機撥響時，我立即便數不清「哇」的叫聲。一位美國女客說：「非常好，加拿大（WELL DONE, CANADA）」我不由自主地感到一點愛國性的驕傲。

火車再向下駛行，我們便看到一座美麗的堡壘形大山，曾被命名為「艾遜豪大山（MOUNT EISENHOWER），以紀念第二次世界大戰歐洲聯軍統帥艾遜豪將軍。就在美國旅客激動前，有人說，在三十年前，喔太華改變了主意。又將其名改回原名堡壘山（CASTLE MOUNTAIN）。

最後，火車抵達邦夫國家公園車站時，我們都收拾起散亂的東西：書籍，新朋友的名片等等，同時也湧起回憶。有些人曾經自開汽車經過洛磯山很多次，不禁彼此相視微笑，心照不宣。在此旅遊前，我們都認為將會看到什麼，但此行結束後，我們當初的認知，不過衹是一點暗示而已

改變的人生

改變人生的故事

利阿・推歐契夫（LEO TELCHEV）坐在靠背椅上，面臨大街的窗口，沒有看見什麼。因為嚴寒的氣候，人們都躲在屋內，他感覺很孤單與被遺棄。他住在數十年前與她太太合買的房屋裡。

他有一個兒子，祇生了一位男孩，現年十五歲。雖然他們同住在一小鎮上，他的兒子工作非常繁忙，不能常來探望他。即使在週末，他也未能抽出幾分鐘前來看他。但他的孫子偶爾會來，祇是來此向他要錢而已。他原想拒絕給他，但每次還是把錢拿給他，目的是希望他常來，以解寂寞。

數月以後，他的孫子又來看他，這次他未要錢，使他很驚奇。「嚇，吉吉，你好嗎？」「唉，我很好，你為何來此？」「我的老師說，很多事情使人改變生活。他舉一個例子：有一個人在他父親遭到一次意外喪生後，便不再吞服「毒藥」。因此，老師要求每位學生都去尋找這樣突發事件而改變人生的故事，寫出一份報告，並限一星期完成。我父親工作很忙，我不能向他詢問，我母親不知道有任何事情改變了人生，她要我來問你，不知你有無這個經驗？」

利阿・推歐契夫光拉直了上身，然後說：「啊，我記得有一樣事，像昨天發生似的，你坐下來，聽我說，我不知道你父親是否告訴過你？你的尊祖父母是從俄國，經烏克蘭移民到加拿大。他們在此獲得田地種麥，才能夠生活下去。他們倆（OLEG & OLGA TELCHEV）都是畏神勤勞，也很正直，討厭各種欺詐的行為。我父親比許多年輕人還勤勞，不久，他們倆人便將所得土地改造成一片很美麗的混合農場，生產各種糧食。當我跟父親在一起時，他非常快樂。我很膽小，也很服從，遵守指示，是父親眼中的蘋果。」

我到學校讀書之後，便改變了。我對那些殘酷地欺壓別人高大的男同學，非常害怕。為了離開他們，我開始說謊和欺騙，並且很技巧地也欺騙了老師，在開始時是如此。因此，我在那些欺凌人的眼中受到尊敬。在我十二歲時。我母親要我每月去一次雜貨店購買物品。我要通過一條長滿矮樹的窄路，走半小時，才能到達。雜貨店裡充滿了所有的物品，幾乎不能容納顧客站立。店主是一位老婦人。她拿了我的購物單，立即開始來回取物。有些貨物是放在店後，她去取時，我便一個人在店前。當時我看見有一大堆黃色甜麵包放在一個玻璃球內，拿出兩條麵包，放在我的提籃裡，用已裝進的物品掩蓋，此時我的內心彷彿踴躍在跳。但她並沒有注意到。在每樣物品齊全以後，她就把註明價格的購物單交還給我，由我母親在月底去付賬。

回家時，我感覺像一位英雄。我將對那些在學校裡欺負別人的人說，我已經取出兩條麵包，店主卻不知道。到家後，我母親打開提籃，取出購物單逐項核對價錢。當她發覺甜麵包時，就迷惑了。它們不在購物單上。你知道我每月都烘焙麵包一次，不須購買它們。當時我父親已走進廚房，聽到母親又問：「它們怎麼會被放進提籃裡？」我說：「我猜想黑勁遜太太（MRS.

HUCHINSON）把它們放在提籃裡當作一件禮物。」我父親說：「黑勁遜太太從來未給顧客多加一件禮物。你拿了它們！「我立即感覺血液湧上我的兩頰。他又說：「所以我的兒子不僅是一個欺騙的人和說謊者，甚至還偷竊。他是一個小偷。現在你要受鞭打，使你永遠不會忘記！」他走到放置物品櫥櫃中，取出他的寬大皮帶，我看了已很害怕，他立刻粗暴地抓著我，舉起握有皮帶的右手，慢慢地揮下，同時眼中充滿了淚水。那些眼淚比皮帶打在我身上更使我疼痛。「我要你長大以後變成一個很正直的人，但你卻是一個無良的壞人，我不想再見到你。」說完便離開廚房。從那時以後，我便完全改變了我的人生。我決定此後一定要做一個不同的人，才能再得到我父親的寵愛。

過了一刻，他的孫子就說：「偉大啊！你講了一個好故事，我會好好地把它記下。以後，我是否還可以再來聽你講，你與曾祖父如何和解嗎？」「你任何時候來我家，我都會講更多的精彩故事給你。」

最後的遺囑

查理斯．汪鐸（CHALES WRANOW）是一位富人。他已搬進一棟高價豪華的療養院（NURSING HOME）。以度過他的餘生。他生平努力工作，每天至少工作十小時積聚很多財富。他喜愛他的事業，也得到他太太的支持。他太太常說：「你把我們所賺來的金錢，都聰明地去投資，我們將有一個無憂無慮的退休生活。」可是在他退休以前數年，他太太便去世，使他遭遇了嚴重的打擊。

他們夫婦有兩個男兒，都已從大學畢業，學有專長。長子業已獲有一個很好的職業，收入頗豐。像他父親一樣，他節約存錢，遠離負債。他太太與他有相同的觀念，很快地他們就把購房貸款還清。於是他們就計劃第一次出外旅遊。他們所購的物品，都是量力而行。

次子為人與眾不同。他不結婚，因為恐怕結婚以後，無錢花費。他要的東西，他就去買，不管是否需要。他常向銀行貸款，因為他的安定職業和很高的收入，可給銀行保證。

當他父親出售他們年幼時所居住的大房子，他很憤怒。但他希望能夠得到部分的房屋售款，因為他知道他父親賣屋後，確實獲得一筆鉅額金錢。當他向他父親要求分得一些金錢時，他父親回答說：「售房所得之款，將為我支付居住療養院至死時之費用，我不會即刻動用。你的收入很多，你很自私，祇顧自己，所以你沉陷於債台之中。」

汪鐸僅有一位妹妹和其女兒，名費。他很愛她，視如己出。當他喪妻以後，費每星期都來看他一次，給他幫助。在他住進療養院後，費也定期前去探望。雖然療養院照顧很好，但他日漸衰弱，常常睡在床上，不能久起，費每天都去看他，還攜帶自做的食物給他，也閱讀書報給他聽，有時還坐在他的床邊，握著他的手。當他死亡時，費是唯一真正悲傷的人。他愛費如同親父愛她。他的次子說：「這個老人終於離開這個世界，我將繼承遺產。」不久，他們都於某日到一位律師辦公室聚集，聽取律師宣讀汪鐸最後的遺囑。

汪鐸的妹妹和其女兒費以及他的兩個兒子都坐在律師的桌前，律師先注視著他們，然後打開遺囑，開始宣讀：「我知道你們之中有一個人很早就希望我死，現在時間已到。

你，我的妹妹，你很富有，不再需要更多的金錢。此外，當你被上帝召喚時，你不能攜帶任何東西同去。我想，你懂我的意思，並且同意我的決定。你，我的長子，你生活像我一樣，勤勞節儉，你會達到你的目的，不虞缺乏，所以你不需要幫助，像非洲人那樣。

你，我的小兒子，你想繼承遺產，幫你償還欠債。假如我給你金錢，好像對你的愚蠢的生活加以獎賞，這是違反我的理念，我不能給你一分錢。」聽到這段話以後，這位年輕人的臉孔，立刻變成像白紙一樣。他喃喃自語地詛咒，蹣跚地步出室外，律師繼續宣讀下去。

你，我的姪女，費，他已像是我的親生女兒，我給你四萬元。我知道你和你的丈夫將會很感激地接受這筆金錢，在需要時使用。

我的其餘財產和儲蓄，都給非洲國際盲人團（THE INTERNATIONAL BLIND MISSION IN AFRICA），分配如下：四分之一購買羊、雞和種籽為醫療「河水眼盲症（RIVER BLINDNESS）」之費用。此症在非洲很多地方蔓延。剩下的最後的一半拿去建立一個小醫院，給當地的人民診治疾病。

此時，律師看著他面前的樹枝說：「遺囑宣讀完畢。不過，我還要問費幾個問題。」費的母親和她的表哥仍在外面等候。當費和她們在一起時，他的表哥給她一個擁抱，並對她說，他為她和她的丈夫很高興。因為她的丈夫已經失業兩次。當她們母女兩人進入汽車時，費說：「那是一個非常不同的遺囑，你想是不是？」「嗯」，她母親回答：「我認為，他對遺產的分配很公平，我以我哥哥為傲。」

老婆婆斯蜜司

老婆婆斯蜜司一生都住在某村莊裡。當她年輕時，她是一位很美麗的女孩，但沒有人知道為什麼她沒有結婚。

她擁有一間雜貨店，出售各種人們所需的貨物。因她很友善，又很樂意和顧客交談，所有大家都喜歡到她的店裡購買貨物，同時也藉此吐出他（她）們的心意，告訴他（她）們的憂愁，身體的疼痛，和與丈夫或妻子以及子女的糾紛。她都立刻安慰他（她）們，或向他（她）們給以忠告，她在櫃台上經常放著兩大罐的餅乾，讓每位來此的小孩都拿出數塊去吃，很多的大人也常喜歡取食那些小點。

時代變了，先有傳言鄰鎮將開設一個商場。兩年以後，那裡確實建立了一個購物中心。其中有一大型的現代化雜貨店。開幕以後，鄉村裡的人都開車去那裡參觀，從此，他們便去那裡購買一切物品，僅有少數老年的顧客仍來她的雜貨店購物，因此，她知道她的雜貨店已經不能生存，於是她就以半價出賣店內所有貨物，連同貨架，櫃台，收銀機都包括在內，無一留存。

老婆婆一向生活儉樸，不欠債，還有不少的積蓄。她關店以後，將其改建為一間臥室，另在店後再改建一間大臥室，廚房仍在原處，新的客廳前面，開辟一個大窗戶。

人們在外常常看見她坐在窗前編織毛線衣物。偶爾，他（她）們仍然帶著他（她）們的困難問題來看她。她即烹茶和以餅乾招待訪客，並給以忠告如昔，從不矜持。某日，有一位訪客向她埋怨一位新來的鄰居，因為她曾受過大學教育，做過很好的職務，現在來此退休，「所以她很驕傲，不與我打招呼。」老婆婆立刻回答道：「哎，不要憂慮，不值得呀。因為愚蠢和驕傲是並行的。」

最近，有一位客人來看她，老婆婆問道：「你把閣樓修理完畢了麼？」「啊，」她回答：「我還沒有開始動工呢，可能明天，」老婆婆嘆息一聲，「明天，不是今天，你必須感覺心情良好。」「啊，不能，」她說：「我確實感覺心情不好，像我這樣的年紀，不會感覺心情更好。」「哎，你不會感覺心情更好，因為你堅信如此，就我所知，你存著消極思想，如果你改為積極的想法，就會發生良好的結果。」

很多人都想知道老婆婆的年齡。某日，忽有一人問她高壽幾何，她大笑地說：「我怎麼知道，我從未計算過我的年齡，我度日根據我的感覺，我感覺還很年輕。」老婆婆每天都很忙碌。在夏天，她仍然在後園裡種植蔬菜和水果。回到家裡以後，還常烘焙餅乾。當客人來訪時，她就取出餅乾招待他們。平日人們經過她的屋前時，都會發現她坐在窗邊編織衣物如：手套，襪子，圍巾，無邊女帽和背心，編織完成以後，她都把它們分送給別人。幾乎所有同村裡的兒童都穿有她所編織的衣物。偶爾也有人給她金錢購買更多的毛線，她都很感謝地收下。

隨著歲月逝去，人們仍然能夠看見老婆婆坐在窗邊，但她已不再編織衣物了。某日，她忽然不再坐在那裡。因為她從不鎖著大門，某人便進入她的屋內去看她，果然，那人立即發現她在臥室內睡在床上，一眼看去，好像她正在熟睡，毫無反應。隨即他便電請一位醫生前來察看。據醫生說：她已於當日早晨逝世，但她留下一份遺囑給她的律師。在遺囑中她說出藏金的數目和地方，她要每一文錢都送給慈善機關，她屋內的每樣傢俱，廚房裡的刀叉和用具，毛巾，衣服，瓷器和珠寶，都寫在一張紙上，註明要送給本村裡的某人，所有她的遺產都分贈給同村的人。

綜上所述，如此和睦勤儉，慷慨助人的老婆婆斯密司，確是一位奇異的女人。

雜感

國殤節的悲痛

十一月十一日為加拿大國殤節，瑪爾娜（MYRNA）也像所有加國人一樣，對於第一，第二兩次世界大戰，韓戰，以及歷年維和加軍陣亡將士表示哀悼紀念。但她也敘述她自己一段的悲傷遭遇和期望，內容像一部悲劇電影的主角，淒楚下場，令人印像深刻，特記如下：

瑪爾娜在中學畢業時，她僅十八歲。她的一位友好道妮（DOLLY）的富爸邀請她與他們一家人同赴美國舊金山旅遊，以作給她畢業贈禮。她對此一幸運，不敢相信這是真的事實，因為她的父母養育六個子女，無力負擔她這趟旅行。

他們在離開家鄉以前，每人都得到一張舊金山市地圖，道妮的父母特別在地圖上標明所有的名勝所在地點。我從未離開過沙省（PROVINCE OF SASKATCHEWAN），你可想像我是如何的畏懼。某天，道妮的父母未帶我們一同出遊，建議我們自己到舊金山的意大利人聚居處或到拉丁人區域去參觀，然後再去柯爾特塔（Coit Tower）登高眺望。直至最後一分鐘，道妮感覺很疲倦，就留在旅館裡休息。

我獨自一人先去「小意大利」區走動。抵達後，祇見該區一條條的繩索從此窗口掛到另外一個窗口，繩索上面都掛滿了要曬的衣服。每家房屋都很質樸，大多數的房屋都漆成白色，狹窄的街道，擠滿了很多人和小孩，都用他們的土語大聲地談話。我還進入當地的兩個教堂，它們都佈滿了光彩的裝飾。當我爬上柯爾特塔時，鐘聲不斷地響著。

此處的景緻令人驚訝不已，一邊是峻險和狹窄的拉丁區，另一邊則是富麗堂皇的大廈和富人居住的公寓。一陣涼風忽然吹動路邊的棕櫚和桉樹（Palm and Eucalyptus Trees）。當我坐下休息時，一位年輕的軍人問我可否讓他坐在我的身旁，於是我們便開始交談起來。談話一開始，立刻我便感覺似乎我已認識這位青年很久了。他說，美國陸軍已經徵集他，他必須要到一個陸軍訓練營去報到，並從那裡被運往越南。今天是他在舊金山的最後一天，也是他第一次離開家鄉。他又說：「我恨戰爭，我不願屠殺任何人，即使人們說他是我們的敵人，我也不願被人殺害，我要生存！」我們談論了很久，在我們分別之前，他向我索取我的地址。

當我們剛從舊金山回到家中時，傑（JAY）給我的第一封信就寄到。從此以後，更多的來信都陸續寄達。當我愈讀他的來信，我愈愛他。當他向我求婚時，我非常欣喜地回答他「我願意」，他的下一封信更是充滿豐富的感情。他還說：「在三個月內，他將有一個短期休假，他要在此短期休假期間和我結婚。他的父母一定歡迎我。」對此建議，我的雙親也同意跟我一道去舊金山慶祝我的大喜日子。可是在他飛出戰區以前的一週，竟在一次強攻敵人陣地時，不幸陣亡。

聽到這個噩耗，我悲傷不已，我失落了很多年，特別當國殤日時，當我聽到有人到加軍陣亡將士紀念碑前演說，看見那些在紀念碑前放下花圈時，我就要大叫不止。

世界上每一個角落都曾發生過戰爭，即使現在，仍然如此。我們犧牲了許多年輕人，我們祇知屠殺和傷害。全世界所有的武器工業擄獲了大量的金錢，無人認為那些武器工業是一種罪行，請問在任何戰爭以後，是否將這個世界造成一個人類生存更好的地方？再看我們的四周，更多不容忍，更多偏見，更多仇恨。我曾長時希望世界會有一日，人類不再互相殘殺，大家停止製造刀劍，改造「犁頭」（Beat Swords into Plowshares）。我現在仍然希望此日到來，不過，此一願望，如今看來，更加遙遠。

一道雪堆的圍牆

大約在十八世紀時，在一個家庭面前，發生了一件真實的故事，以後一代傳給下一代，直到一九五〇年時代，他們的後裔從歐洲移民到加拿大。由於時間過久，故事的詳細內容，有些已經遺失。無人知道這件故事是何處發生，但它確實是在拿破崙戰爭時代發生。當時大批拿破崙的軍隊在歐洲反覆地攻打和撤退，許多的戰鬥都在小城和鄉村裡爆發，人民遭受極大的損害。那些軍隊從每家擄走他們所需要的東西，任意毀壞一切物品，以顯示其威力。他們搶走牛隻殺食，奪取人民的冬糧。年輕的婦女都躲藏起來，以避免侵害。祇有靠邊大街的一家農屋未被破壞。但不久以後，大軍又來了，時值冬寒，該村一位老人認為這次該村將會安全，但那棟獨立的農屋將會非常危險。他要婦女們趕快逃到鄉村裡去躲藏，但她們卻要與畜養的動物一起留在家中。

農房的主人已經離家很久，以逃避這些沒有結束的戰爭。無人知道他是否仍然存在人間，但是他的第四代後裔仍舊住在他的農房。屋中住有一位老婦人：祖母，一位年輕的女人和其嬰兒。其屋周圍有一小塊田地和一片養馬和牛的牧場。在田裡種植粟米，燕麥，和蕎麥。農屋很矮，但屋頂延伸，即可使她們居住其下。亦可掩蓋畜養的許多動物，還有兩隻山羊和很多的雞隻。他們每年都養一隻豬，在冬天時宰殺。有些豬肉用鹽醃了或被烘熏。還有很多小瓶裝進豬油，甜菜和醃漬的豆類。很多東西和草藥一起排在屋頂下。老祖母終年都採集香料，她知道如何把它們變成藥用香料。

當此村眾多婦女離開後，天空開始降雪不停。到了中午，變成大風雪，到處都被白雪掩蓋，黑暗提早降臨。那位老人囑令吃完晚餐後，要把火爐熄滅，不使火煙從煙囪內放出。也不要點亮蠟燭，大家在黑暗中坐下。年輕的女人應該多放些牧草，讓家畜吃飽，保持安靜。然後她就為將到的軍人祈禱。小女孩就問她為什麼要為敵人祈禱？她說：「他們都是上帝的兒女，很多的士兵都很疲憊，有些已經受傷，很多人快要死亡。無論是朋友或敵人，我們都應該為他們祈禱。」然後她又說：「親愛的上帝，我們信靠祢，希望祢在我們房屋的四周，建立一道保護牆，讓我們得到安全，謝謝祢。」

吃過晚飯後，她們集合在一起，坐在黑暗中。大風雪在屋外呼吼著，大聲越來越急，令人驚怕。老人說：「我已聽到大軍人馬前來。」稍後，其他的人也能聽到。她們在屋內都感到許多前進軍隊的靴子踏步聲，馬蹄的觸地聲和軍械被拖曳聲的震動，偶爾還聽到指揮官的大聲命令或一聲馬嘶。老人說：「現在可去睡覺了。」「我還要繼續祈禱。」她坐在靠近冷火爐旁邊的搖椅上，那位年輕的女人則把身體伸張在她的女兒旁邊。

破曉之時，大風雪已告停止。如同以往一樣，那位年輕的女人立即早起，去照顧牛馬和雞群。她給馬吃新鮮的牧草和燕麥，然後去擠牛奶並餵牛和兩隻山羊，最後，她把新鮮的稻草放在雞窠裡，並清除每樣的東西。當天空大亮時，她即穿過小門走到屋外，此時空氣新鮮，星星仍然掛在高空。看來將是一個很好的晴天。由於大量的白雪落下，屋外四周造成一道很高的雪堆。在低矮的屋頂下，她沿著屋旁走向前方，驚訝地看見了屋前一個龐大的雪堆，完全遮住了此房，沒有人能從雪堆外面的路上看見此屋，正如那老人所祈求，上帝已經建構了一道保護牆。

她回到屋內，老祖母已經把火爐點火，一鍋粟米已經煮好，桌上也擺好蕎麥麵包和牛油。前面兩旁的窗戶已經透出陽光，大家祇能看見門外的大雪堆。當老祖母坐在桌邊祈禱時，她對小孩說：「絕對不要忘記今晚的經驗，並且要把這件事情傳告下代的子孫，當你信靠祂時，上帝絕對不會捨棄你。隨即她又說：「AMEN。」

生日禮物

在P小鎮的邊緣，共建有十棟同樣的兩家合住屋（Duplex），租給那些仍能照顧自己的老人，大多數都是寡婦。房租受政府津貼，這些房屋都由一個管理委員會管理。韋太太自從丈夫逝世後，便遷進其中一棟兩家合住屋。

年老的韋太太頗受鄰居歡迎，她對需要幫助的人仍然給以援手，她所烘焙的餅乾和麵包，令人流涎，她都慷慨地分贈別人。在某月初五，她慶祝自己九十歲生日，她的大夥家人、子女和孫輩，都遠自加拿大BC省回來，一起慶祝她的盛大日子。

她的一個兒子狄米椎按照約定的時間抵達，並攜帶一件大東西來，上面用一條毯子遮蓋著。當他進屋時，韋太太問道：「你帶來什麼？」他先把那件大東西放在桌上，然後揭開毯子，那東西原來是一個很美麗的鳥籠，籠中關著一隻藍色小鳥，牠注視著韋太太，吱吱地鳴叫。

當時韋太太很疲倦，但她看到這個鳥籠和小鳥，非常驚訝，臉色逐漸改變，並對小鳥講話，好像早已認識。

她凝神地注意這隻小鳥，似乎已經變得年輕些，表示很高興。這隻小鳥，是她的四個兒子和兩個女兒一起送給她的生日禮物。

從此以後，這隻會唱歌的小鳥變成韋太太每日生活的中心。她跟牠說話，觀賞牠，清除牠的「家」，思想也和牠似乎相同。她在電話中對一個女兒說：「自從這隻小鳥來到家裡後，我已感覺身體的疼痛減輕了。」她的許多親友也不約而同地說，這個「小朋友」已使韋太太返老還童了。

次月初一，一位房屋管理員到每家收取租金，並察看每件事物是否安好。當其到達韋太太住家時，聽到小鳥歡樂的鳴唱，立刻皺眉走進屋內，看到鳥籠，「哦，不要……」，「韋太太，你不能在這裡養一隻小鳥，你何時把牠弄來的？這是違反這裡住房規則的，屋裡不准收養動物，連在碗裡養一條魚也不允許！你必須立刻把牠送走！我現在給你六天的時間去辦，絕不寬延。」

韋太太對此殘酷的住房規則無法了解。她確實知道人們不能容忍養貓和狗，因為牠們的確會造成損壞與汙穢，但養一隻小鳥或一條魚，不會造成危害。

韋太太告訴她的兒子，把她的「小朋友」帶走，她沒哭泣，但她十分難過與悲傷。她已經度過很多艱苦的日子，都不曾流淚。她已喪失兩個幼稚的小兒，在很多年以前，她又失去了她的丈夫。

她勤勞地工作，每天在農田裡工作很長時間，現在她已年邁，又要與一隻她心愛的小鳥分離。

韋太太不能接受這個殘忍的決定，健康很快地惡化。她的兒子每天都來看她，忽然在某天，發現母親已死在床上。他非常悲傷，深悔不應送她那隻小鳥當她的生日禮物。

貂的故事

艾妮（ELLY）還未上學讀書，因此，她每星期都有兩天到她的祖母伯蒂（BETTY）家消磨時間。她出生時，她的祖父已經去世。伯蒂以後便將家園田賣掉，移居到小鎮上。

艾妮的祖父母原有二百五十畝農田，但她們保留了一百畝，作為禁獵野獸地，不准任何人去打獵，伯蒂的居屋就在禁獵地附近。她在空閒時，就坐在窗後，拿著望遠鏡觀望出現的野生動物，她的雞棚和種植蔬菜與花朵的園地，都建有圍牆。她常看見有鹿站在圍牆外注視茂盛的蔬菜，但因圍牆太高，無法跳過。

某日早晨，艾妮被她的母親帶到祖母的家裡。當她吃完早餐後，她說：

「上次你答應要告訴我貂的故事。」「是」，祖母回答道：「首先我要給你看貂的形狀。」於是她就從書架上取出一本書，把它打開。「你看，這就是一個貂。牠是一隻小動物，你卻說牠很兇猛！」「是」，伯蒂把書放在桌上。「牠雖是一個微小與纖弱的動物，但牠行動很快，能攻擊圈套的動物。牠對準餌食的咽喉，用鋒利如刀片的牙齒咬斷其頸，立刻將其殺死，吸吮其血。你看這一張照片，在冬天時，牠的皮毛是白色的，祇在尾巴頂端有些黑點。連同尾巴在內，牠體長不超過十二吋或僅有三十公分。」「你曾看見過牠？」艾妮問道：「是。我還要告訴你，在過去很多世紀，白皮毛非常珍貴，因為很多君主們都因它製成衣服。」

「他們必定殺死很多貂，」艾妮說：「因為牠們是如此的微小。」「你說的話很對，」她的祖母表示同意：「所以你由此就知道，人類對保護動物和其福祉，絕無興趣，祇有滿足他們自己的慾望。」

「你何時看過白皮毛的貂？」艾妮問道。

「那是在一個美麗的冬天，輕寒，有陽光，外面很安靜。因此，我把雞棚打開，讓陽光照進。很多的母雞都坐在雞棚旁邊，接受溫暖的陽光。我也常常坐在窗前拿著望遠鏡觀看。某日，我就看到一個貂。當時，我覺得很奇怪，通常貂都在夜裡出來，何以這次卻在白晝出現？隨即那隻貂便踏過雪堆，竄進圍牆，進入雞棚。我立刻停止了呼吸，想到鄰人喪失很多雞隻的可怕慘狀。當雞群看到危險時，通常都會爆發大叫聲。但是現在一切都很安靜，我也不再擔憂。」

「當那隻小貂爬上雞棚的跳板上，走至一個母雞生蛋的隔間時，牠就把一個雞蛋推落地上，先吃下蛋白，然後再吃蛋黃，最後僅留下破碎的蛋殼。吃完雞蛋以後，牠立即走出雞棚，迅速地竄出圍牆，跑過雪堆而去。因此，我想，如果你不傷害我的雞群，你可再來吃蛋，這是一件真實發生的事情。後來我還看見貂再來數次吃蛋，但從未傷害我的雞群。」

「在夏天，我也常到窗前去看貂，牠的白皮毛應已變成褐色。但我從未看到這個小動物。次年冬天牠也沒有再來。直到今天，我對那個危險的小動物，跑進雞棚數次，都未傷害我的雞群，我非常感激。」「但是，祖母啊，我知道這樣事情發生的原因，由於在過去的這些年，你對保留農地裡的每樣事情，都盡力地照顧，保護所有的野獸及其福祉，牠們都知道，也都記得，所以，那隻貂表示對你的感恩沒有傷害你或你的雞群。」「也許你說的話很對，這也是我的母親，你的曾祖母常說的：「人撒播的是什麼，收穫的也是什麼。」

一個獵人與狼的眞實故事

瑞克（RICK）喜歡到沙省北部（NORTHERN SASKATCHEWAN, CANADA）的森林遊覽。在冬天他騎著一輛雪地機器腳踏車（SNOW MOBILE），在夏天他駕駛著一輛ATV。他知道每一條小溪，每一處溼地。但他不知道住在那裡一棟小木屋裡的梅梯（METIS——白人和印第安人的混血族）獵人斯登（STAN）。斯登是一位很安靜的人，祇對遇到他所喜歡的人，才會跟他談話。他見到了瑞克以後，彼此談得很投機，從此，瑞克就常去拜訪他。以下是瑞克所說的一段故事。

斯登是一位捕捉鳥獸很久的獵人。當他年老時，就不再喜歡打獵了，反而討厭這種行動。他決心要做一個對森林裡所有生物的保護者。於是他在森林徒步時都注視每樣事物。某日，他聽到一聲嗚咽，立即便隨聲走去，看到有一個老鏽的捕獸器上，捉住一隻狼。該狼很憔悴，全身散佈著髒毛。靠近斯登的一邊，一隻腿被捉住，不能動盪。牠看到斯登，不像害怕，卻似哀求。斯登對牠表示安慰，牠就不再緊張，知道他將救牠。

斯登慢慢地走近牠，並低聲地對牠說話，把牠救出捕獸器。狼的一隻腿受傷處已生膿，牠掙扎地站起來，痛苦地呻吟著，舉起受傷的腿貼在腹部，跛行地跟著斯登走到他的小木屋內躺下。斯登先把牠的傷腿清潔後，再將牠包紮起來。但牠仍然不斷地呻吟，斯登立即端一盆水放在牠的面前，牠見了立即張口喝了幾次。隨後斯登也給牠分吃他自己的食物。然後他放一件舊夾克在木屋裡的一個角落，牠明白他的意思，立即走去躺在上面沉睡了。不久，牠忽驚醒，迷惘地觀看周圍，很害怕的樣子，斯登立即安慰牠，使牠輕輕地繼續安睡。

斯登此後日見此狼恢復良好，非常驚愕。但他發覺牠已年老，漸漸地牠就出去捕捉食物。在外數日以後，牠仍然回來。當瑞克來此拜訪斯登時，牠不讓他進入木屋。數月以後，當瑞克再來時，才讓他進去。但仍然注視著他們兩人之間要有一段距離。牠都坐著或站在斯登身旁。斯登也把手放在牠的頭上。

當斯登與此狼都更老時，他們同去森林的時間也較短了。

斯登有一次曾對瑞克說，他現在對他的生命末日更加快樂，因為他有一個真正忠實的朋友。此狼聽他所說每一句話，他告訴牠他的一生，此狼給他愛和關心，從未忘記他曾救過牠的生命。他說：「為什麼人們很快地就忘記善行？誰要傾聽一個老人散漫的語言？現在的人祇對賺錢有興趣！」

當瑞克下次再去小木屋時，他祇見斯登仍然躺在他的軟椅上沉睡著，那隻老狼也伏在他的腳上熟睡。但再走近一看，斯登與狼都已永眠了。他和牠似乎都很愉快與滿足。

追逐

四歲的布來恩（BRIAN）坐在他的祖父的膝蓋上，要聽他講故事。他的祖父是一位自然主義者，他知道加拿大沙斯客其旺省的何處有野花，何處有野獸。他也曾到過隱密的湖泊，觀賞野獸在湖邊飲水；更曾看過稀有並膽怯的山獅。有時他也攜帶布來恩到附近的地方遊玩。布來恩對祖父祈求說：「請你再講一次狐狸的故事。」「這個故事你已經聽過很多次了。」他的祖父回答道。「我要再聽一次，好祖父。」

「好」。他說：「我像我的父親一樣喜歡到野外去。當我十四歲時，他讓我跟他一起去打獵。當我十六歲時，我曾射中一隻白尾鹿，我非常高興並驕傲。我的父親對此也同樣地表示很驕傲。當我十七歲時，我在聖誕節得到的禮物，是一輛雪地腳踏車（SNOWMOBILE）。在二月的一個陽光溫暖的日子，我慢慢地騎著雪地腳踏車，以免碰到樹根和低矮的樹枝。忽然驚見一隻狐狸出現，跑在我的前面。於是我就拚命地追逐。在廣闊的大地上，我像箭一樣地追趕那隻狐狸。不久，我就追近牠的後腳，確知牠已不能再跑很遠。

可是我騎的雪地腳踏車開始發聲；緩慢下來，隨即停止。同時，那隻狐狸也在我面前累倒。我坐在車上觀察牠，呼吸很急促，臉上流著泡沫，全身戰慄，慢慢地轉頭向我凝視，似乎對我說話，表示害怕和斥責，但沒有懷恨和報復，牠的這種表情，直穿我心，使我感覺很羞愧。創物主不是創造我們，也創造所有的動物嗎？所有的動物不是與我們同住在一個地球上嗎？我第一次乃以不同的眼光看我周圍的所有生命。我坐在不能開動的車上，靜觀受我虐待的狐狸的眼睛。

那隻狐狸慢慢地恢復平靜了。牠費了很長的一段時間試著站起來，全身發抖，雖然跌倒在雪堆裡，但仍在注視著我，牠繼續數次試著站立起來，終於蹣跚地走向我車，佇立不動，偶爾顫動一次。這時，我感覺很罪愆，請牠原諒。

這狐狸想必明白我的心意，立刻轉身而去。但仍不斷地停下休息，每次都轉身看我，最後，牠進入一個小山丘後面不見了。

現在我必須穿過高高的雪堆，走到附近的一個農家，這是一趟非常困難的步行，再加我對狐狸的追逐，更加使我感覺難過。當我抵達這個農家後，我已完全疲憊，那位農人是一個善良的老者，他讓我坐在他的雪地腳踏車後面，駛到我的雪車停留的地方。他還攜帶很多的汽油，灌滿我的雪地腳踏車的油箱。他說：「年輕人，下次你駕駛雪地腳踏車，要格外小心，假如以後遇到一次大雪暴，你的雪地腳踏車沒有汽油了，你可能會喪失生命。現在，天將黑暗了，你趕快回家！」

這次與狐狸的遭遇，使我改變了思想。在我畢業以後，我便研究生物，並在環保局工作，保護所有的生物。布來恩嘆道：「這就是你知道所有動物和植物的原因，我愛你，祖父！」隨即他就站起，走到廚房。「祖母」，他呼喊著：「祖母，你的罐子裡，還裝有餅乾嗎？」

祇求發財，一生無樂

有些人很富有，憑資財可以獲得每樣東西。但是他們並不快樂，心情也不安寧，彼得（PETER）即是一例。

他生長在英國，是一位富人的兒子。他的母親也得到一筆很大的遺產。他們夫婦兩人都很精明，不斷地用心經營財富，獲利頗豐。因為各有不同經營的意見，經常爭吵不休。彼得從不知道什麼是父母之愛，祇是享有很多的物質供養，他的父母也以對他如此的奢侈，表示愛他，絕不願抽出時間和他親近消磨在一起。

當彼得高中畢業後，進大學祇讀了兩年，就被父母送到美國，專攻商業。後來他返回英國，對他父親說：「你的思想已經落伍，你應改變很多的經營策略和方法，然後就可能得到最大的收入。可是他父親對他的這些忠告，都不願接受，於是父子間在如何經營商務方面，便產生很大的差異，家庭裡更沒有安寧。最後攤牌時，不是你要按照我的意志經營商務，便是你即離開家庭，另創企業。彼得祇好又去美國，自行創業。但在美國生活不易，不能賺得很多收入。如果他母親不按月秘密匯款給他，他就無法維持優渥的生計。當時美國對越南開戰，他像很多年輕人一樣，立刻轉入加拿大。」

他在加拿大，雖然謀得一份工作，但不能成為富人。他的目的是要變成一位百萬富翁，使他父親驚訝。因此，他乃決定向大學選修幾科經濟課程，以便以後從事買賣房地產業務。在他開始執業後不久，果然，便售出很多房屋。但他對房屋買主，每次都不告知房屋實際情況。後來，他自己買了一所老舊的房屋，僱工加以修理以後，外觀頗能吸引人，因此售價很高，獲利頗豐。他從此獲得買賣房地產的秘竅，立即以最低的工資僱用數位技工，仍照上述方法買進老屋，整修後賣出，多次成交以後，盈利大增。當他達到他的財富目標後，他便離開房地產業務。

彼得五十歲時，他便娶了比他年輕二十歲的露西（LUCY）為妻。但此婚姻並未帶給他快樂。因為他從未學習過如何付出。雖然他的銀行存款日漸增加，但他卻變成一個心緒不安與容易發怒的人。年輕的露西很快地便發覺他是如何經營商務的。她向他暗示，剝削別人是不對的行為，這個暗示使彼得非常憤怒。他知道露西的意見是對的，內心格外不安。可是露西卻是一個很敏感與溫柔的女人，立即發展患有一種疾病的象徵，醫生對他倆說：她患了多發性硬化症（MULTIPLE SCLEROSIS）。彼得聽後，立刻無情的決定，他不要一個有病的女人在他身邊，他向露西要求離婚，並給她一筆可觀的贍養費。露西被迫同意離婚，但未接受一份他的「不乾淨」金錢。露西離婚後，重獲她的高薪舊職，感覺很快樂，慢慢地所有的病症都消失了。

彼得退休時，已是一位富翁，但他十分可憐，完全孤獨無依。就像他的父母一樣，把賺錢比建立人際關係更重要。當他活到七十歲時，他被迫進入一棟最新與高費的養老院。他需要全天二十四小時的看護，同時還患手足發抖的暴金遜病症（PARKINSON’S DISEASE）。露西知道後，每天都去看他。某晚，他向她要求對她過去的無情予以原諒。現在他已知道他的淒慘是他自己造成的，他沒有看見明天！

懸賞

艾迪（EDDY）是一個很好的小孩。他很有禮貌，常要幫助人，鄰居都很喜歡他。艾迪身體矮小，還沒有入學。大多數的兒童都不要跟他一起玩耍，因為他很膽小。艾迪不喜歡吵架，當人們開始用拳頭相打時，他就離開。他在頸上掛著兩把鑰匙：一個是自己住房的鑰匙，另外一個是開郵箱的鑰匙。他母親非整日的工作，艾迪每天有幾小時一個人在家。他常問他母親為什麼沒有父親，每次他母親回答時都表示很悲傷，他就停止再問了，將來他一定會找到答案。

艾迪喜歡孤獨，也常觀察附近人們的生活。但他不想影響其他同齡的兒童。某日，他去郵局，沿路上有很多積雪堆聚著，有的雪堆很鬆軟，有的雪堆則進出口如石頭。在這些堅硬的雪堆中，他必須用力去踢，才能打開一個空隙。在一個空隙中，忽然出現一張奇蹟的紙張，於是他用手去挖，抽出來的竟是一張二十元鈔票。他將它清淨摺平後便放在口袋裡，再向四面觀望一下，無人注意他。

當他母親回來後，他就告訴她如何獲得這張鈔票，並將它放在桌上。「媽，這張鈔票將會幫助我們？」她拿起這張鈔票，注視很久，然後還給艾迪說：「艾迪，我們不能保留它，如果保留它，就像偷竊。」「媽，我沒有從別人身上拿來，不是偷竊。」她母親向他解釋：「但是看起來，仍像偷竊呀！」可能是一位老人遺失的鈔票，那個老人更比我們需要它。可能那老人到處尋找，最後至警察局去詢問是否有人把它撿起送去？不，我們不要保留它，你明天到警察局去，把這張鈔票交給他們，並說明你如何發現它。艾迪依照他母親的囑咐去做了。警察局有一位友善的警長接見他：「可愛的小孩，你要我替你做什麼？」艾迪把二十元鈔票交給他，告訴他如何發現它，和她母親對他所說的話。那位警長立即詢問他的姓名，年齡和住址。又問他的父親，艾迪正如他母親一樣，表示很悲傷。他母親告訴他，他的父親，已經離開很久，其他的情形就不知道了。警長又問他的母親和其所做的部分時間工作。然後警長說：「好，我把這二十元鈔票保留在這裡，等一星期，看看有無人來查問認領？第八天你再來，我會告訴你如何處理。」他把手放在艾迪肩膀上拍拍，讓他離去。

一星期以後，艾迪再去見警長，這次警長帶他到辦公室去，要他坐下：「你看什麼東西放在我桌上？」艾迪站起來仔細地看：「我看見一張二十元鈔票。」他回答說：「對，可愛的小孩，這是你送來的那張鈔票，無人來認領，現在這張地老天荒二十元鈔票就是你的，因為你已把它送到這裡而未留下，我要給你另加五元，作為獎賞。」警長從抽屜取出五元鈔票給艾迪。他笑容滿面的接收道：「謝謝你，警長！」

艾迪迫不及待地等他母親回來，立即把二十五元給她，並轉述警長對他所說的話。他母親把五元鈔票退還給他說：「你把它放進你的撲滿（PIGGY BANK）裡，因為它是你的獎金。」但是艾迪要他母親拿回，以幫助家用。他唯一的要求是一塊巧克力糖，他母親對他笑說：「明天我去多買一些東西，給我們兩人做一次特別的晚餐，另外我將買一塊大的巧克力糖給你！」

觀望森林起火的人

每年夏天，加拿大各省的森林地區，都因閃電和不小心的遊客，丟棄煙頭，或燒煮食物後，未將餘火滅掉，引起火災。有些林火及時撲滅，未釀火災，有些林火則因山高路遠，無法消除，乘風延燒，黑煙沖天，數十里外都能看見，而且連燒數日或數週，政府動員大批消防人員和軍隊，全力灌救，始告平息，然而政府及人民之損失，超過億萬，創傷甚重。例如一九一五年的FORT McMurral, Alberta之林，市區內之房屋，很多都被燒毀，市外廣大之森林地區，亦成一片焦土，不堪一觀。現在BRITISH COLUMBIA全省。所有落磯山大小山頭，共有林火一兩百處，連續燃燒不止，迄今已有數週，不但各省消防人員前來支援，甚至還有澳洲五十位救火人員，飛來相助，可見林火之危害，使人無法袖手旁觀。

各省在森林地區，都建有觀望塔，每塔都派住一位觀火人，日夜觀望，以便看見某處起火時，立即通知消防人員，迅速前往撲滅。

據一位曾經擔任觀火人傑夫（JEFF）說：「在山頭上之觀眾，通常都是一位老人，住在觀望塔內，日夜不見人影，非常孤獨。每週祇有一位司機駕駛一輛吉普（JEEP）上來，載運補給食物和飲料而已。」

在他申請此職時，他即被警告，大多數人都不能忍受如此的孤獨環境。我接任後，有時確實亦感覺不能忍受遠離人群，與人隔絕。可是為了免除在原先職務上之辛勞，和曾患一次心臟病之影響，我乃決定申請此觀火人工作，以免過度操勞。

經過兩次林火季節後，我獲得很多的寶貴知識。以前我不知道風有不同的表現，從神秘的瑟瑟作聲到輕輕的微音，然後又變怒吼一樣，我從未看到如此繁多的星座，也沒有見過流星飛逝。現在我知道安寧與靜止的黑夜。我已不再在吃心臟病的藥丸。我有很多的書籍藏在家中，現在我有時間把它們拿來閱讀和思考。現在我也知道，我的知識很膚淺，自然界事情知道很少，對過去的大思想家，更是茫然無知。我已獲得安寧和快樂。不論在生命中要做什麼，應該記住一件事情，就是要接近自然。它給你力量，和平和快樂。我們的生命是如此地遠離自然，以致我們喪失了自己。

聆聽這位觀火人的談論，我深深地感覺增廣了見聞，獲益非淺。

聰明的卡遮

卡遮（KATJA）的父母是從東歐移民到加拿大，落腳在一個小鎮附近，當時那裡有兩排三層樓的新建公寓，他們祇能租住一個小公寓，內有兩間臥室，他們認為已有兩個世界的優點，很感滿意。隨後很多東歐的移民也跟著遷居其地。

幾十年以後，那些房屋，都已顯得老舊和破損，祇有低收入的人才出租住，因為裡面沒有電梯，也無許多日常所需的設備。小鎮迅速成長，現在已變成一個大都市的一部分。

卡遮的家人在很久以前，就遷往加拿大西部，並在那裡獲得高薪的工作，但有一位孫女露西（LUCY）仍住在原地附近。露西有一個小女兒。由於她的同居人當她懷孕時就棄她而去，生活很艱苦，所以卡遮盡量幫助她，當卡遮有空閒時，她也常去帶領那個小女孩，卡遮雖已年高六十六歲，仍然在職場工作。她每天要乘公共汽車一小時到一對富有夫婦家中服務，他們常在家中舉辦宴會，招待賓客，在其住宅附近，有一藝術走廊，他們常去參觀。女主人對卡遮說：他們的許多賓客，都是藝術家，卡遮聽後，不感興趣，但她對他們雇用她，並購贈公共汽車票，非常感激。

某日，女主人對卡遮說：她要去藝術走廊參觀，並留下一張便條給藝術走廊的門房管理員。後來又說：該藝術走廊將接受普通人的作品，在下一次展覽，旨在鼓動本地的藝術人才。展品第一獎為三千元。當卡遮進入該藝街走廊後，她感覺很困窘，因為她沒有受到良好的教育，連中學都未讀完，對於抽像的藝術作品更是一無所知，她站在一張題名為「日落」的油畫面前，觀看很長的時間，不管她如何注視那張油畫，她都沒有看見有一個「下山的太陽」，祇見各種顏料，線條和三角形。她懷疑地走開。隨又沿著一個題為「明日之人」

的雕刻品周圍觀看，她不覺那個東西是一件雕刻品，祇是一堆碎鐵片黏在一起的奇形怪狀物，因此，她低聲地自言自語：「觀看這件怪物，簡直是浪費時間。」

當她乘坐公共汽車回家時，在車上她想出一個主意，不禁咯咯輕笑。的確，她承認這一主意是一個笑柄。她在中途下了車，走進一個商場，買了幾小罐可洗的顏料。她故意挑選的這些顏料，不能調和。回到家裡以後，她就找到一張堅韌的白色包裝紙，立即燙平紙上的皺紋和摺痕。然後把露西的小女兒放在小圍床裡，再把那張白色大包裝紙放在廚房裡的地板上，先把各種顏料分別注入整張白色包裝紙上，再讓她的小重孫女赤腳在紙上各方向走一趟，小重孫女高興地尖叫著，還彎腰用小手掌塗開顏料。當卡遮認為小重孫女的小腳和手掌已把紙面完全塗過後，就把她抱起，清洗手腳後，放回小圍床裡，當她再看這張「藝術畫作」時，立即露齒微笑。在所有顏料晾乾以後，她就在紙上左上方加印「將來」兩字，再小心地捲起全張畫紙。說下次到藝術走廊時，把它帶去。

數月以後，卡遮業已忘記她的「笑柄」。某天，當她去到僱主家時，女主人已站在門口等候她。「親愛的卡遮」，她大叫道：「誰會想到你是一個非常卓越的大藝術家！你的畫作已經被評選為第一，獲得第一獎，獎金三千元，卡遮突然得到這個幸運，腦中思緒反覆，使她不能集中精力工作。當她坐在回家的公共汽車上，她首先想要用這筆獎金修理地的洗衣機，然後再去買一台乾衣機，以償其宿願，最後她也要資助露西一千元。當露西收到一千元以後，立刻喜極而哭。在此興奮的一天以後，她睡在床上自言自語說：「誠實地說，我一想到這件事，我就要說，我生活在一個瘋狂的世界裡。」

蒲公英會說話

阿裡西亞（ALICIA）是本勒第（BENNET）的獨生女，但和同齡的女孩不同。她不喜歡遊戲，對體育也無興趣，更不愛交朋友。父親親自教她識字，故她在入學前，已能讀書。母親對她祇喜歡自然（NATURE），非常擔憂。但父親很了解她；因他在年幼時也像她一樣喜愛自然，父親可在家工作，能與她共同觀察自然和思考討論。母親每天都去一家銀行上班，因此，父女兩人都常在一起，使彼此緊密地聯繫著。

某日，阿裡西亞詢問父親：「你曾否想過植物會彼此通話？」他注視著她，答道：「你提出一個很有趣的問題。不久以前，我曾看過一位科學家所寫的一篇論文，說明現在的人已經證明樹木能夠彼此通訊。在森林中，樹木能夠互相警告危險。如果樹木已能互通音訊，則植物為何不能彼此談話？它們一定能夠對我們的行動作出反應。你要知道，我們用心照顧放在室內的植物，它們會生長繁盛，因為它們感覺我們的愛護。」

「我聽了你所說的話，非常高興。因為我已經聽到蒲公英（DANDELION）彼此的談話。」這使父親更加引起興趣。「阿裡西亞，請你告訴我詳細的情形：「好，它們的談話，不像我們一樣，祇是將它們的感受表達出來，我可以感覺到，我知道它們的每樣動作。某日早晨，太陽很光亮，它們都很快樂地迎接陽光。好像在說：我們都是你的兒童。我們都願意讓人們愉快，但是他們憎恨我們。在我們遭受了數月的寒冷和黑暗以後，長出茂盛的黃色面孔時，並不高興，反而對我們皺著眉頭，要加以毀滅。但他們絕對不會成功。我們有深陷地下的長根，大地保護我們。當我們看見人們拿著發射毒液槍來時，非常害怕。爸爸：有一次我們的鄰居對他的草地噴射毒液時，我確曾聽到一聲哭泣。由此可知，它們遭到毒液，一定受到殘害。」

她的父親插嘴說：「真有趣，你還聽到更多的談話嗎？」「是！因為我已觀察蒲公英好幾個星期了。它們告訴我，它們樂意為人類的福祉貢獻一切。它們的長根可以拔出，清洗，然後像蘆筍一樣被烹煮為食；它們也可被曬乾，焙成像味美的咖啡讓人沖泡飲用。柔嫩的葉子是非常好吃的生菜，開花的菜也可生吃。每天如吃十莖，可減低血糖。如果血糖太低，還可使其提高。蒲公英花摘下後予以冰凍，可在冬天取出，用熱水沖泡為茶解喝。它們也可被煮成糖蜜或製成美酒。」

「這些說明對我都是新聞，我一定要去查考資料。」她父親確實在以後的幾個星期內做了。

「阿裡西亞，你說的很對，你所聽到的聲音，都是事實，毫無疑問。我甚至還發現糖蜜的古老製法和在昔日稱作吉甫賽（GYPSY）酒名中含有蒲公英的成份。」

多年以後，阿裡西亞自己已成為兩個女孩的母親。她的丈夫耕種有機的農田，尊重自然。阿裡西亞知道很多的藥用植物並收集它們。當蒲公英開花時，她就採摘下來，以作冬天沖茶喝。她也每年烘焙糖蜜，塗在煎餅上或烤麵包上。她稱此種糖蜜為許多黑暗天氣的液體陽光。阿裡西亞教導她的小孩要尊重自然，絕對不要傷害它們。假如我們愛護所有的生物，動物和植物，自然就會回報我們。人類與其他生物都是互相關聯的，都吸收同樣的空氣，需要陽光和雨水，才能成長。因為多吃自然（NATURAL）食物，她們一家人都很健康，身體都很強壯，充滿精力，每天都像得到一個贈禮。

爲求世界永久的和平而壯烈地犧牲

如斯（RUTH）和麗滋（LIZ）是多年的好友。麗滋已離婚，她唯一的女兒已在澳洲結婚。如斯的丈夫已在十年前去世。這兩位女人彼此幾乎每天都通電話。如有需要，都互相幫助。在一星期前，麗滋幫助如斯搬進一個新建的小屋。麗滋不知道為什麼如斯捨棄她的現代化較大的房屋，屋內還有很多美麗的東西，價值昂貴的圖畫，古老的傢俱，和無價的祖傳遺物，但如斯並不在意。她說：「幾年以後，我就要八十歲。誰知道我還能活多久。所有這些東西，都使我有沉重的負擔。因為我要照顧它們，我必須花費很多的時間。我需要時間去思考，到外面去散步，聽取別人的談話和幫助他（她）們。」

次晨，如斯提早撥電話給麗滋：「請你立刻到我家來。我要給你看一些東西。」當麗滋抵達時，如斯已在門口等她。她們倆立即進入小客廳。小客廳內祇有幾件傢俱，但很安適。如斯倒茶，並取出現熱的甜麵包招待麗滋。她很輕鬆地說：「我感覺現在很自由。自從賣了房子和送出所有的東西以後，我住在這所房屋，地下室雖不太高，但很清潔又乾燥，建築很堅固，木料很好。在地下室上面，我發現這個盒子，裡面裝有很多細紮著的信件。每一紮信件都用紅線綁好，信紮上面還附有一簇乾花。打開第一紮信件，上面註明一八七五。那些都是情書。我立刻感覺羞愧地偷看了它們。即使它們書寫的時間已經過去很多年了。此外，還有其他沒有細紮的信件，用不同的信紙，在一九一七年寫的。那些信都是他們的兒子從歐洲第一次世界大戰時寫的，所有的信件都對他的母親表示愛心和感恩。沒有談到他自己。最後一封長信，我希望你閱讀。」……

親愛的母親，我的同伴必爾（BILL）因為英勇已受到兩次嘉獎，獲准四天休假。他家住在我們的鎮上。他同意把我最後的信件親自帶回給你。母親，請你不要哭泣和悲傷。你會了解我，當你讀我這封信時，請為我的靈魂祈禱。

過去你曾經告訴我，愛是宇宙間最大的力量。人不應該有憎恨，因為憎恨毀壞懷有此種思想的人。你還說：「我們應該尊重別人，即使他們與眾不同。我們不應該評判別人，我們要原諒別人。」你又說：「我和別人第一次用拳打鬥後，將會製造更多的問題。」所有這些囑咐，都深藏在我的心中。

當我志願參加軍隊後，我感覺像一個英雄，為國服務，與邪惡作戰，善良終會勝利。現在我立於殘酷的戰壕內，我已看出這個世界，所有的歷史，都是謊言。基督徒在戰時，已不再堅守立場。為什麼一個牧師對於屠殺或支解另外一位同是基督徒的武器祝福？為什麼他們還要祈求和平，當其意指要對方死亡，毀滅和痛苦，雖然我們都相信同一位上帝。我常想到我已失去理智，當我聽到震耳欲聾的爆炸和轟擊。在炮火稍停時，你就聽到受傷者求救的哀號，和快要死亡者的呻吟。更多的同伴不見了。我感覺像一個老人，雖然我才二十五歲。即使我們戰勝了，我仍然不能回家再過正常的生活。下一次大戰計劃在明天實施。我將拋棄我的武器，奔向「敵人」的火海，我將要死去後找到和平。母親，我知道你能諒解我。我永遠是你親愛感恩的兒子，喬治（GEORGE）。

麗滋抹去眼淚，沉默了好久。然後她說：「這個年輕人在一百年前所寫的，即使現在也可以照樣寫出。全世界現在仍有戰爭。無一戰爭能把世界變得更好。」停歇一刻後，她又說：「但我仍然不放棄希望，終有一天，人類將會改變他們的思想，我們將有永久的和平！」

新詩

沙省的鄉村

鄉村裡的空氣很新鮮，
我不要乘坐火車或汽車，
我要在路上行走，
盡量地走很遠，
不管耗費多少時間。

我每次呼吸，都很爽快，
還聽到蟋蟀的叫聲，
我走在路上時，

鳥鳴如音樂，
非常和諧。

我很喜歡所有的綠色樹葉和青草，
沿路開著的野花和野草，
使我要坐下，
採取一束，
將它們攜帶回家。

奇妙的季節

這裡的冬天既冷又下雪，
壁爐和電爐都燃燒發紅，
大家忙碌地購買禮物，
不停地包裝禮品和寫賀年卡，
朋友、食物和拜訪親友，
充滿休假的氣氛，
我們都要歡樂在這些日子裡。
寧靜的大地乃是一種祝福，
它讓活躍的人無音，

生命像一條小路，
新鮮的白雪落在地上，
必須小心踐踏，
因為每走一步，
都會留下一個腳印。

夏天的歌聲

知更鳥停在樹枝上，
不斷的歌唱，
我孤獨地站在陽台上，
祗能看見密密的樹葉，
但仍聽見一隻小鳥唱出歡樂的美音。
微風輕輕地吹起，
遠方有淡綠色的樹叢，
地面上鋪著濃綠的鮮草，
夏天到處都非常美麗。

夜

太陽已經下山，
風也停止，
靜靜的黑暗，
我小心翼翼地踮步，
恐怕破壞沉寂的夜空，
收拾起你的歌聲直到黎明，
夜深帶來輕柔的寒冷。

小鳥們要向南方飛去

冷風吹過樹枝，沙沙作響，
天氣已明顯地變化，
小鳥們感覺寒冷，到處跳動
同時也抖動著羽毛。

小鳥們知道現在應該飛去南方，
但仍猶豫是否應該飛去，
它們知道和我們要暫時分別。
因為在寒冷和白雪時，確實很難生活。

小鳥們將要離開這裡很久，
當它們能夠覓食和歌唱時，就很快樂。
它們也知將來仍會再飛回來。
明天春天，它們就會很快樂地返回這裡。

安靜的時刻已經開始，大家都在休息，
我們已受到隆厚的賜福。
除了回憶舊友與逝去的親人，
瞻望向前，我們沒有遺憾。

和朋友們一起喝咖啡

我已到這咖啡館裡，
會見了許多朋友，
大家邊談邊笑地喝著咖啡，
隨便說些小謊言。

朋友中有李中，王立，何志強，
還有朱明，陳信，張有仁。
都在討論時事新聞，發表不同的意見，
有時卻忽略了事實的真相。

當然，我們有權，
選擇真實的故事加以討論，
假如我們太注重事實的真相，
我們的故事，便無興趣。

不是要聽這些故事，
我們才聚集在這裡，
乃是忠實的友誼，
像系繩一樣把我們綁在一起。

現在讓我們舉杯相祝，
友誼長存，
每星期我們都到這裡來相聚。

運動與快樂

運動和快樂是相聯的，
它對瘦弱者和肥胖的人都有益，
每天祇要花費少許時間，
就能鍛鍊身體，得到快樂。

單獨一個人做運動，常感寂寞，
但你可打電話邀約你的朋友，
一同到體育館裡去運動，
你立刻會感覺身體舒暢和堅強。
你可去跳繩，或騎一輛固定的腳踏車，

也可踏一台轉動的滑車，
醫生說，運動可防治疾病，
長久運動以後，比吃藥還好。

運動可使血液流通，
抵抗精神壓力，
使心臟跳動平衡，
這些都是真實地發生的，不是猜想。

你的身體將很健康，
你會感覺自己已經變成一個全新的人，
你的生活方式，做事的能力，
也許都會改變。

生活的秘訣

世界上每天都會發生很多的事情，
有的使人高興，有的使人恐懼，
如果聽到那些恐怖的消息，
祇要我們心存希望和祈禱，
就不會害怕。

我們應該常常先想別人，
去聽，去供養飢餓，去解除乾渴，
為他們解決問題，撫慰他們的傷痛，

祇給幫助，不想利益。

假如你要內心平靜，
就敞開心胸，對人仁慈，
忘記侮辱的言詞，
也不用髒話傷人。

真正的生活秘訣，
沒有需求，祇有慷慨的施捨，
一抹微笑，一個擁抱
就能治好你的煩惱，讓你生活溫暖。

打一次電話

拿起電話筒，我害怕聽到她的聲音，
遲疑地先深呼吸一下，
很快地打下電話號碼。
希望不由她接聽電話，
電話機仍在響著，
忽然傳來大聲的回話，打破了沉寂，
那是一個男人的聲音，
它惹起我的注意，
我有點喘息，忘記我在向誰打電話，

但立刻如釋重負
你打錯了電話號碼。

家族

我撞到一位行路的陌生人，
「啊，對不起！」我對他說，
他回答：「我沒有注意到你，
請你也原諒我。」

這位陌生人和我，都很有禮貌，
我們各奔前程，互道再見。
但是在家裡，情形就不同了。
我們如何對待老與幼的親人！

稍後，煮了晚餐。

我女兒靜靜地站在我身旁，
當我轉身時，幾乎把她撞倒。
「走開！」我皺著眉頭說，
她走開了，但很傷心，
我不知道，我說的話太粗暴。

當我躺在床上時，
上帝小聲對我說：
「當你與一個陌生人相遇時，你很客氣，
但是你對可愛的女兒，卻似虐待。
請看廚房的地板上，

你可看到有些花卉，放在門口？
那些花卉是她帶給你的，
她親自採集那些花卉：粉紅的，黃色的
與藍色的。
她靜靜地站著，不想讓你失去驚喜，
你沒有看見她的眼睛流淚。」

此時，我感覺很微小，
現在我也開始流淚。
我安靜地走到她的床邊跪下，
「醒來，小女兒，醒來。」我說，
「這些花卉是你採取送給我的麼？」

她笑了，「我發現它們長在樹上，

我摘下它們，因為它們像你一樣的美麗，

我知道你喜歡它們，尤其是藍色的花。」

我說：「女兒，我很抱歉，我今天的行為，我不應該對你大聲斥責。」

她說：「哦，媽，不要緊，我很愛你。」

我說：「女兒，我也愛你，

我很喜歡那些花卉，特別是藍色的。」

你是否知道，假如我們明天死了，

我們工作的公司，很快地就會找到人補充，

但是我們留下的家人，在他們的餘生裡就會感覺喪失，想到這裡，我們拚命工作而不關心家人，確實是一種不智的投資。

你知道家族這個「家」的意義麼？

家族等於父親和母親，以及「我愛你！」

骨髓夥伴

她已聽說這個陌生高男人，
患著很重的病，
他獨自生活，
沒有妻子和兒女，
他需要骨髓，
才能治好他的病。
很多人已接受骨髓的試驗，
她是唯一
有最好的骨髓的人，

已被抽出，
用最完善的運輸工具送到，
她已獲知，那男人現在已經獲救重生。
他常想念她，
稱她為骨髓夥伴，
承認她給他新生命，
他很感激，要永遠銘記她，
可惜直到今天，
他倆還未相見。

憂慮

憂慮是一個可怕的重擔，
它使你的眼睛現出悲哀和遲鈍，
額上露出皺紋，像路上的裂痕一樣，
心中常常懷著：
不安的感覺。
隨著時間的過去，問題也跟著增加。
心中很煩惱，不能平靜。
既不能吃，也不能睡，
擔憂和煩躁，

生活很不舒服。
憂愁的人，頭腦裡充滿了厭惡與悲傷，
像被一個小賊偷去了快樂。
不再去想其他的事情。
頭腦裡也像一個商店充滿貨物的櫥架，
一個問題消失了，
立刻又生產一個新的煩惱。

太多的問題，使你不安寧，
除非你把它們清除，你不會快樂。
擔憂，厭惡和鬱悶，都沒有用處，
衹有當你覺悟，
擔慮使你不能做成任何事情。

所以，為什麼要擔憂，浪費時間？
凡人都應無憂無慮地生活，
一定要快樂和美化人生，
擔憂不能解決問題，
它從某處開始，不知何處終止？

等待

等待在鍋裡的熱糖（FUDGE）冷卻，
等待一個男孩長成大人，
我一生像這樣消磨了很多的時間，
等待黑夜轉到白晝。
等待很多的日子過去，
等待明天，我不知道為什麼？
如果我能知道今天能夠活著，
等待的痛苦就會很快地消失。

勝利者與失敗者

勝利者堅持著價值立場，但對小事情卻能妥協；
失敗者堅持著小事情，但對價值觀念可以妥協。

勝利者認為：己所不欲，勿施於人。
但也不要別人施諸於你；
失敗者祇想：先發制人，不讓別人先下手。

勝利者創造時勢，
失敗者接受現實。

永別

我為那些父母們哭泣，
也為那些年輕人哭泣，
更為那些冰球狂哭泣，
因為他們都曾對此冰球隊歡呼助陣。

那些兄弟姊妹們和老師們，
以及寵物都被遺留在後，
祖父母，朋友，堂兄弟，
都排成一行向遺體弔祭。

太陽明亮的光輝，
反映在雪地上，
冰球比賽隱然浮現，
但他們完全不知。

那條寂寞的公路，
使他們喪失了生命，
一切頃刻告終，
因為他們根本沒有抵達賽場。

希望和夢想都告破滅，
憤怒不久便會消失，

現在我們祇有回憶以往的球賽，
永遠留在胸懷。

隨著時間過去，痛苦將會減輕，
傷痕也會復原。
但我們的心中，將永遠留有他們的身影，
保持他們的靈魂。